福建工程学院科研启动基金项目"当代大学生友善价值观引导研究"（GY-S20012）
福建工程学院科研发展基金"乡村振兴中乡贤文化的动力价值及其实现机制研究"
（项目编号：GY-S18103 ）

范五三　著

当代大学生友善价值观引导研究

九州出版社
JIUZHOUPRESS | 全国百佳图书出版单位

图书在版编目（CIP）数据

当代大学生友善价值观引导研究 / 范五三著. -- 北京 ： 九州出版社，2022.10
ISBN 978-7-5225-1175-7

Ⅰ．①当… Ⅱ．①范… Ⅲ．①大学生－社会主义核心价值观－研究－中国 Ⅳ．①G641

中国版本图书馆CIP数据核字(2022)第175781号

当代大学生友善价值观引导研究

作　　者	范五三　著
责任编辑	郭荣荣
出版发行	九州出版社
地　　址	北京市西城区阜外大街甲 35 号（100037）
发行电话	(010)68992190/3/5/6
网　　址	www.jiuzhoupress.com
印　　刷	北京捷迅佳彩印刷有限公司
开　　本	710 毫米 ×1000 毫米　16 开
印　　张	15.25
字　　数	186 千字
版　　次	2022 年 10 月第 1 版
印　　次	2022 年 10 月第 1 次印刷
书　　号	ISBN 978-7-5225-1175-7
定　　价	68.00 元

前言

　　友善价值观是社会主义核心价值观的有机组成部分，新时代加强大学生友善价值观教育与引导，是培育和践行社会主义核心价值观不可或缺的重要维度与基本内容，也是当前大学生思想政治教育的现实课题与职责担当。就当前社会生活中涌现出的现实问题看，近年来有关部分大学生思想道德领域衍生的"友善缺失""道德冷漠"和"道德失范"等现象，越发成为了社会关注和反思的焦点。在多样性价值纷扰中，友善价值观的提出为解决大学生友善缺失乃至道德失范问题提供了价值参照和目标导向。大学生友善价值观是大学生人际交往实践过程中所展现的心理态度、行为规范和道德品质，如何从当代大学生现实诉求着手，以友善价值观引领回应他们在社会实践交往中的真实困惑，探寻切实可行的友善价值观引导的路径和方法，是大学生思想政治教育面对的时代"问题域"，具有理论解析的必要性与实践探索的紧迫性。

　　从根本上说，新时代大学生友善价值观引导之道，应在聚焦为谁培养人、培养什么样的人、怎样培养人的目标基础上，对当代大学生友善价值观引导进行整体性研究和系统性建构。为此，研究需从理论溯源、现状分析、规律机制、路径方法等方面加以阐释。在理论溯源方面，从友善价值观的概念界定和历史考察出发，系统梳理马克思主义经典著作中的善恶思想，为马克思主义友善价值观的中国化发展提供理论渊源，为新时代大学生友善价值观的引导奠定理论根基。在现状分析方面，在对当前大学生友善价值观知行现状展开实证调查的基础上，对存在的问题和困境进行全面的归因分析和根源性探究，进而以前瞻性视角探索当代大学生友善价值观引导的方法路径。本研究基于新时代高校立德树人的基本要求，既注重对大学生友善价值观引导规律与机制分析，又注重从方法创新和路径建构展开实践性探索，试图实现学理分析与对策探讨的融合，旨在解决友善价值观"内化"和"外化"问题，提升大学生友善价值观引导的实效性。

友善价值观引领是落实立德树人根本任务的必由之路，对建立新型人际友善交往模式具有重要价值和意义。这一工程最终需要引导载体并强化理论涵养，将友善价值观的话语予以大众化、具象化和通俗化呈现；这一工程需要建立整体性的友善教育体系，建立良好的社会规范与制度规约体系，为凝聚崇德向善正能量，营造良性互动环境。从方法体系意义上看，大学生友善价值观引导走向实践的过程中，应从小处着手和大处着眼，要格外注重大学生在日常生活中对友善价值观的情感体验，同时要坚持政府主导、学校组织、社会支持、家庭教育和大学生个体自觉涵育相结合，进而为新时代大学生友善价值观引导提供创新思路与合力效应。

目　录

第一章 ｜ 绪论

第一节 研究缘起与意义

一、研究的缘起

党的十九大以其独特的价值视角，在聚焦中国发展的同时，对培育和践行社会主义核心价值观做出了战略部署并提出了具体要求。这一战略意旨在于通过展现当代中国精神来凝聚价值共识，进而为全面建成社会主义现代化强国指明了方向。习近平总书记在建党百年讲话中号召："新时代的中国青年要以实现中华民族伟大复兴为己任，增强做中国人的志气、骨气、底气，不负时代，不负韶华，不负党和人民的殷切期望。"[①]这也为新时代大学生成长成才提出了新要求。高校肩负着培养时代新人的重大使命，应当在沿承"立德树人"根本任务和思路的基础上，持续深化和探索友善价值观引导的时代进路。所谓新时代大学生友善价值观引导，是指在构筑共有精神家园的时代进程中，通过主动回应大学生当下关心的道德需求，积极化解当前我国社会主要矛盾。其价值理念既是对历史传统的尊重，也是对我国思想道德建设的全面承接。从理论和实践的关系来看，落实十九大关于培养时代新人、加强思想道德建设的战略要求，就需要从理论层面深入阐释做好新时代大学生友善价值观引导的内在逻辑关系。

古今中外的先哲们对友善思想进行了深度的思考和梳理。可以说，

[①] 习近平：《在庆祝中国共产党成立100周年大会上的讲话》，《人民日报》2021年7月2日，第2版。

"友善"不仅是非常抽象的概念，也是非常实际的标准。当它作为抽象概念时，它只是哲学家们从诸多人类活动中提取的人人自愿向往的大同理想式的道德规范和行为准则。而作为现实中的行为标准，它又被不同背景、文化、习俗和思想的人赋予了不同的含义和内容，以致某些人的"善"可以被另一些人理解为"恶"，而某些人的"恶"又被其他人视为"善"。这个看似简单的问题甚至在历史上引发了利他主义与利己主义、人性本善与人性本恶之间的长期争论，至今仍未形成共识。

近年来有关部分大学生在思想道德领域所出现"道德滑坡""道德冷漠"和"道德缺失"等问题逐渐成为社会关注的焦点。社会舆论对大学生友善价值观知行现状进行高度关注的同时，呈现出了两种截然不同的评价：一方面，有些媒体以"马加爵案""药家鑫案""复旦大学投毒案"等事件为例，衍射出对当代部分大学生理想信念、社会责任和生命意识等方面缺失的担忧；另一方面，有不少媒体对大学生"见义勇为""拾金不昧"以及"救死扶伤"等方面予以了积极评价和肯定。这些争论和焦点都呈现出了大学生成长过程中的认知困惑，也引发了社会公众对当代大学生能否在新的历史方位中，承担起国家富强和民族复兴时代重任的探讨。

由于错综复杂的社会利益和各种矛盾交织，多元价值观影响着大学生对友善价值观的认知，因此引发的友善缺失和道德冷漠等现象，需引起我们的高度重视。当代大学生作为实现中国梦的中坚力量，将友善价值理念融入大学生日常学习生活中，能够为时代新人践行使命担当注入精神动力。

二、研究的意义

(一) 理论意义

第一，有利于拓宽友善价值观研究的学术视野。古今中外有不少学者对"友善"思想进行过系统研究，并留下了不少真知灼见。然而，纵观现有的研究成果，学界更多是从道德哲学、伦理学、社会学等理论角度来探讨抽象的"友善"思想，专门分析友善价值观问题的研究成果仍不够丰富。作为规范人们在社会公共生活和人际交往领域的"最大公约数"，弄清友善价值观所蕴含的理论归旨和实践要求，可以为涵育个体道德品质、坚定社会主义道德信仰提供学理支撑。

第二，有利于增强思想政治教育的针对性和实效性。做好大学生友善价值观引导工作，从内容和目标层面上能够很好地体现思想政治教育的本质属性和任务指向。可以说，开展大学生友善价值观引导研究，既是时代的要求，也是提高思想政治教育内容针对性的重要组成部分。本研究试图在借鉴教育学、伦理学、社会学和政治学等多学科理论和研究成果的基础上，综合运用思想政治教育的理论范式来阐释当前大学生友善价值观引导问题，客观反映大学生在公共生活和人际交往中的情感态度和行为方式，帮助他们形成辨别是非善恶的判断力，体现思想政治教育的时代性和导向性。

第三，有利于推动社会主义核心价值观研究思路与方法创新。当代大学生友善价值观引导研究，应当在遵循大学生思想特点和成长规律的基础上，运用多学科交叉方法进行综合研究，从友善价值观的构成要素与结构入手，在对大学生友善价值观及其引导进行理论阐释的同时，也要对影响大学生友善价值观的知行因素进行实证分析，以期能够在对大学生友善价值观引导进行整体性研究的基础上，明晰友善价值观引导过程中国家、社会以及个体之间的关系，探寻适合大学生友善价值观引导的新路径和新思路。

（二）现实意义

第一，开展大学生友善价值观引导研究，是落实高校"立德树人"战略任务的现实需要。随着社会发展和时代变迁，多元价值观念和社会思潮对大学生价值认知带来不少负面影响。如何规范大学生在日常生活中的人际交往行为，成为新时代高校落实"立德树人"战略任务的一个重要问题。友善价值观作为一项基础性工程，其蕴含的理念内涵和行为规范，能够在新时代高校思想政治教育起到重要的价值引领和辐射作用。面对大学生对友善价值观知行存在的问题，提出符合时代精神的回答，有利于提高大学生的文明风范、参与意识和思想道德素质。

第二，开展大学生友善价值观引导研究，是坚定文化自信的必然要求。党的十九大报告深刻阐述了社会主义核心价值观的丰富内涵和实践要求，为友善价值观的培育和践行指明了方向，也为培养担当民族复兴大任的时代新人提供了重要遵循。因此，充分激发友善思想的价值内涵和时代意蕴，对提升大学生的精神境界和道德素质具有重要的参照意义，同时也是牢固树立价值观自信和文化自信的现实需要。

第三，开展大学生友善价值观引导研究，是实现中华民族伟大复兴中国梦的需要。友善价值观引导成效的好坏，对形成个体发展、社会进步和国家富强之间的良性互动关系至关重要。在当代中国，培育大学生在公共生活中的友善精神，使他们自觉抵制错误价值观念影响，引导他们自觉融入公共生活秩序的维系和建构，在积极投身"中国梦"的伟大进程中，实现当代青年的使命和担当。

第二节 国内外研究现状

友善是一种自发形成于人类社会生活中的重要行为规范，作为一种特有的精神现象，古今中外先哲们从不同学科和研究领域都给予了不少关注。因此，系统梳理和分析国内外研究现状，是确保本研究能够顺利开展的理论前提。受限于研究主题和文章篇幅，这里仅就国内外相关研究现状及代表性观点予以阐述。

一、国内研究现状

国内学者围绕以下几个问题展开了友善价值观引导的相关研究：

一是关于友善价值观的内涵及其伦理价值问题。主要体现在以下两个方面：第一，对"善"与"恶"重要范畴进行学理思辨的同时，为友善价值观提供重要的理论源泉。倪愫襄认为，对传统善恶观进行梳理和挖掘，能够为建构符合时代要求的善恶观念提供借鉴启迪。[①] 第二，关于"友善"的内涵，学者们分别从人与人、人与社会以及人与自然等方面来论述友善的价值。李建华以善待他人和友善待人为前提条件，认为友善就是"把善心传递给他人的过程"，[②] 同时他从友善的价值归宿和现实生活中人们对友善的真实表达出发，认为"友善不是毫无原则地建立人际关

---

① 倪愫襄：《善恶观的历史演变与现代转换》，《南京社会科学》2001年第12期。
② 李建华：《友善：必须着力倡导的价值观》，《光明日报》2013年7月6日，第11版。

系的技巧"。① 第三,关于"友善"的伦理价值。不少学者认为"友善"作为一种价值观,在社会生活中发挥着不可替代的作用,同时将友善的价值功能从向内和向外两个维度来予以认知,从友善的理论特质延伸至友善与不同层面的共生互动关系。

二是从中国传统道德文化的角度来看,大多数学者对友善价值观的理论渊源展开了阐述。首先,不少学者从"友"和"善"的辞源探究着手,对"友善"的传统文化渊源和道德基因进行了深入挖掘,从"友"和"善"的象征意和辞源本意出发,对友善价值观所蕴含的道德寓意进行阐释。沈壮海分析了友善所蕴含的道德资源,指出中华优秀传统道德在当代的传承,是建构社会主义新型人际关系的应有特征。② 近年来,中共中央办公厅和教育部以正式文件的形式下发了《关于培育和践行社会主义核心价值观的意见》(中办发〔2013〕24 号)等指导性文件,明确提出了要"发挥中华优秀传统文化怡情养志、涵育文明的重要作用",③ 这对系统挖掘和梳理传统道德文化中友善思想的精华指明了方向。吴潜涛指出,要挖掘和提炼中华优秀传统文化,有针对性地实现其创造性转换和创新性发展,对其中适于协调现代社会关系和鼓励人们向上向善的价值理念、主要命题、思想精华、道德基因等做出新阐释,为友善价值观的现代转化及其价值重生指明方向。④

三是从关照社会现实的角度上看,友善作为公民道德和社会主义核

---

① 李建华:《友善何以成为一种核心价值观》,《伦理学研究》2013 年第 2 期。

② 沈壮海:《爱国、敬业、诚信、友善:公民的价值准则》,《湖北社会科学》2014 年第 10 期。

③ 中共中央文献研究室编《十八大以来重要文献选编(上)》,中央文献出版社,2014,第 584 页。

④ 吴潜涛:《推动优秀传统文化的现代性转化》,《人民日报》2015 年 7 月 15 日,第 7 版。

心价值观的重要内容之一，对协调人际关系和行为规范具有重要的调节作用。李建华认为，友善是每个公民应有的道德品质，应成为维系人际交往、社会交往以及化解各类矛盾冲突的重要手段。[①] 同时，针对当前社会存在的道德冷漠和友善缺失等现象，良好的道德涵养和友善意识能够提升人们的价值判断力和道德责任感，是消除社会心理矛盾和优化人际关系的重要手段。李建华从推动社会发展、改善社会风貌和建立社会互信体系的角度，对友善价值观的基础性作用进行系统阐述。[②] 曹刚认为友善作为社会团结内在的道德维度，友善价值观对消除社会张力和凝聚道德共识的具有重要意义。[③] 最后，也有学者从社会主义核心价值观的整体宏观设计层面出发，对友善价值观在"三个倡导"中的基础性作用和整体性意义进行了系统解读。曹刚认为，要将友善的范围和作用"向外延伸"，从"建设文明的现代国家""建构友善型政府"以及"坚持走人与自然和谐共生的可持续发展战略"等方面进行时代解读，这些都为推动友善价值观多维研究提供新的研究视角。

四是从思想道德领域的焦点问题进行有针对性的探析。从已有的研究成果来看，主要从社会交往实践中存在的友善缺失、道德冷漠、道德失范等方面出发，从不同角度提出了培育和践行友善价值观的思路和方法。龙静云从当前中国道德领域存在的突出问题为出发点，对当前社会中存在的不良现象进行分析，并提出了相应的解决办法。[④] 余玉花从国家

---

①　李建华：《友善：必须着力倡导的价值观》，《光明日报》2013 年 7 月 6 日，第 11 版。

②　李建华：《友善：必须着力倡导的价值观》，《光明日报》2013 年 7 月 6 日，第 11 版。

③　曹刚：《团结与友善》，《伦理学研究》2015 年第 1 期。

④　龙静云：《社会排斥与报复性特恶道德问题及其治理》，《哲学动态》2014 年第 2 期，第 54—60 页。

认同和诚信建设的角度出发，分析人际交往过程中诚信缺失所引发的人际不友善问题和危害。① 高兆明从道德哲学的角度对人际交往中友善缺失问题进行了系统分析和现实建构，对友善价值观融入社会生活提供了学理依据。② 同时，也有学者从"慈善伦理"和"志愿服务"等视角出发，对当前中国社会人际友善交往进行了探究，如周中之指出，需要将"仁爱"视为"慈善伦理"基本规范，在倡导"勿以善小而不为"伦理精神的同时，建构中国特色慈善伦理规范体系。③ 除了从社会层面对友善缺失等现象进行分析外，也有不少学者以社会转型、社会经济建设以及社会主义市场经济的视角为研究出发点，系统分析了多元文化、功利主义和价值扭曲等现象的产生和带来的影响，对建立正确的人际友善交往行为规范具有很强的现实借鉴意义。周斌系统分析了网络时代人际关系冲突所呈现的新特征，对网络伪善言行进行分析，这些都为开展网络社会道德治理提供了很好的研究借鉴。④

五是对友善价值观引导路径提出了不少见解。第一，关于路径建构方面，现有成果主要集中在对路径引导方面的研究，分别从"友善"价值观培育的氛围营造、加强制度建设、夯实物质基础、增强心理认同和提升群众心理幸福感等方面进行阐述。李建华从"三个倡导"层面的整体性要求出发，通过充分挖掘友善价值观的道德资源、夯实培育友善价值观的物质基础、开展道德教育实践活动和健全保障机制等方面，将友

---

① 余玉花:《公民国家认同与政务诚信——论公民道德发展的政治伦理条件》,《社会科学研究》2014 年第 2 期, 第 9—14 页。

② 高兆明:《"道德冷漠"辨》,《河北学刊》2015 年第 1 期, 第 1—6 页。

③ 周中之:《当代中国慈善伦理规范体系建构研究》,《中州学刊》2017 年第 9 期, 第 95—100 页。

④ 周斌:《网络伪善言论的表现、成因与对策》,《马克思主义研究》2018 年第 10 期, 第 109—117 页。

善价值观"当成一种社会需要、个体自律、道德境界和公共秩序"。另外，还要从制度建设的角度出发，通过规范合理秩序和健全激励机制，为公民从内心认同和真正实践友善行为营造良好的环境和氛围。第二，关于友善价值观建设思路方面，国内学者主要从伦理文化建设、传统美德教育、思想道德建设和加强价值观教育等方面进行具体阐述。樊浩结合当前中国伦理道德领域存在的现象和问题出发，认为解决现实生活中人际冲突和交往问题，应当要在建构伦理实体的基础上，使伦理道德建设回归真实的日常生活领域。① 有学者从加强传统道德文化建设的角度出发，对当前人际友善交往提出可行性分析，指出要将友善美德国家和人民需要、公民道德基本规范和加强道德教育有机结合起来；张曙光和陈占友主张要发挥友善价值观在社会公共领域的引领作用，只有在加强树立友善文化传统观念、个体道德情感和组织间互信的基础上，才能成为有情有理的世界。②

二、国外研究现状

深入研究和探索国外学界对友善思想的阐释，有利于从横向的角度为友善价值观研究提供具体深入的理论指导。由于不同学科的研究视野、研究方法及研究方向等差异，国外学者将友善视为人与人之间的友爱、相爱和情谊之义，从道德情感培养和公民道德教育等方面展开论述。相关研究成果主要体现在以下几个方面：

---

① 樊浩：《当前中国伦理道德状况及其精神哲学分析》，《中国社会科学》2009 年第 4 期。

② 张曙光、陈占友：《个人自由、社会公正、人际友善——论现代社会的和谐》，《中国高校社会科学》2013 年第 3 期，第 141—155 页。

第一，关于"友善"德性伦理的探讨。西方文化里的"友善"（friendship）更多指向的是"友爱"之意，西方学者分别从哲学、伦理学等领域，对友爱内涵进行了界定。早在古希腊时期，苏格拉底、柏拉图和亚里士多德等古代先哲们，都将友爱视为德性伦理学体系中最为重要的概念。作为自觉之善的友爱观，是把"希望对方好"视为社会交往起点。例如，苏格拉底将友爱分为有用的、快乐的和德性之善三个类别，认为友爱是生活中最必需的东西。随着人们对友爱认知的不断深化，西方学者对此从心理学、社会学以及伦理学等不同学科的角度和立场进行了探讨。心理学中将"亲社会行为"应用于人际交往的现实研究中，有学者认为友爱"是一种无行的、非情绪的理性化情感"。[①] 也有学者从社会学的角度将友爱视为一种社会行动的基本标准。[②] 20 世纪 40 年代至今对"友爱"的研究逐渐深化，分别从概念界定、类型关系、义利关系、生活伦理、公共关系和比较研究等六个方面展开了深入探讨。[③]

从相关研究成果看，友爱可以指个体人与人之间的一种人际状态、心理情绪和交往倾向等。有学者将友爱视为人与人之间的相互吸引，而"善意"是其本质内涵之一，友爱问题的关键应当以对人性中的善恶关系和性质的理解为前提。[④] 在个人交往中表现出人与人之间那种相互善意和善行的关系，它存在于陌生人、家庭关系和公民之间。[⑤] 从"共同体"和

---

① ［美］埃尔文·辛格：《爱的本性（第一卷）——从柏拉图到路德》，高光杰等译，云南人民出版社，1992，第 97—101 页。

② ［美］乔尔·M.卡伦，李·加思·维吉伦特：《社会学的意蕴》，张惠强译，中国人民大学出版社，2011，第 41 页。

③ 陈治国、陈以云：《亚里士多德友爱观研究的觉醒与演进》，《哲学动态》2012年第 6 期。

④ ［美］W.D.罗斯：《亚里士多德》，王路译，商务印书馆，1997，第 253 页。

⑤ ［英］帕特丽夏·怀特：《公民品德与公共教育》，朱文红译，教育科学出版社，1998，第 54—61 页。

"社会性"的研究视角来看，友善可以被视为是社会交往关系的价值准则和规范基础。有学者从社会性的角度来区分公共领域和私人空间之间友爱的含义，认为友爱的社会性塑造了我们的神经线路和感性的反应，但我们的感性习惯和行为倾向又恰好反馈社会结构。[①]也有学者以友爱的公共伦理价值为研究出发点，分析建构新友爱观的发展路径、关系建构和价值意蕴。综上我们可以看出，西方学界对友爱的研究，更多指向的是人与人之间的交往关系，作为一种道德情感，与我国的友善价值观的理念内涵有着相通之处。然而，西方学者对友爱内涵的理解更多是从各自的角度予以阐释，缺乏从社会历史性角度和整体性视角进行系统性研究。

第二，西方友善价值观教育的相关研究。从 20 世纪 30 年代开始，西方学者就开始以教育学、社会学和价值哲学等学科为基础，对价值观教育进行研究。其中，对友善价值观教育的研究主要集中在伦理学和教育学等领域，在对道德教育模式的反思和批判中进行审视和建构。从整体上看，西方学者对友善价值观教育的研究经历了一个由价值相对主义转向核心价值观教育的历程。例如，形成于 20 世纪 60 年代的价值澄清学派所提倡的价值观教育，主张在澄清分析价值观和提高分析评价各种道德能力的过程中，通过选择、赞扬和实践过程来增进价值选择和提升学生道德情感。然而，由于忽视了德育的具体内容，导致了德育在实践中的"真空"，引发了不少社会问题。随着西方学界和社会对价值澄清等理论的反思批判，从 20 世纪 80 年代末开始，新的品格教育在西方国家的道德教育领域中逐渐兴起，提倡学校要进行道德教育与知识传授的传授，发挥道德教育对个体品格形成的基础性作用。品格教育运动的兴起，在深度和广度上拓展了价值观教育的理论和实践研究。

---

① [美]乔治·瑞乔尔：《布莱克维尔社会理论家指南》，凌琪等译，江苏人民出版社，2009，第 341 页。

综上所述，国内学者对友善价值观的理论与实践研究取得了丰硕成果，但仍存在一定的缺憾和不足：首先，仍需加强对友善价值观基础理论的研究，学界很少有将"友善"作为一个专门的课题进行研究，特别是友善价值观所指向的内涵与外延、规律与机制、思路与方法等整体性研究还不多；其次，关于友善价值观影响因素的实证研究并不多见；最后，友善价值观引导路径的研究呈现零碎性和局部性等，欠缺系统性分析。与此同时，国外不少学者分别从利己主义、道德冷漠以及道德教育等多个层面对友善交往现象进行分析和探讨，为当前研究提供了可鉴经验和方法启迪。然而，国外学者对于"道德伪善"和"道德冷漠"等与友善行为交往相悖的现象分析，更多停留在形而上的理性思辨，或将这些问题发生的原因往往归咎于外界因素的影响。因此，要明确本研究的内容、思路与方法，对大学生友善价值观引导进行更为深入的学理探究及实践探讨。

第三节　研究内容、思路、方法和创新之处

一、研究内容

本研究以马克思主义理论为指导，在借鉴相关研究成果的基础上，对当代大学生友善价值观引导进行整体性研究。此外，本研究将对当代大学生友善价值观引导现状开展实证研究，在此基础上分析当前大学生友善价值观引导存在的问题，并寻求当代大学生友善价值观引导的科学路径和方法。

二、研究的基本思路

就当前高校大学生价值观引导现状来看，仅仅停留在理论认识的层面已难以适应高校"立德树人"的需要，关于大学生友善价值观引导的系统性研究成果还有待深入挖掘。从当前中国思想道德建设和培养时代新人的战略要求而言，大学生友善价值观引导研究是必要的前提工作，也是一项十分有价值的研究。对此，我们的研究思路是这样展开的：

一是对友善价值观相关概念的阐释。首先，对友善及友善价值观内涵、要素和结构进行学理探究。本研究认为的友善内涵主要指向的是人与人之间的友善交往，其外延指向的是个体、社会与自然三者之间的友善共生关系。其次，对大学生友善价值观的内涵、特征和功能进行了系统界定，并在此基础上对大学生友善价值观引导价值意蕴和目标定位进

行了时代解读。

二是分析了友善价值观的马克思主义理论溯源。首先，对马克思主义经典作家善恶思想进行了历史考察，对马克思主义经典作家善恶思想的话语情境、本质特征以及理论贡献进行了系统的梳理。其次，分析友善价值观中国化的具体历程和历史经验，对新时代友善价值观引导的新际遇和新向度进行系统归纳。最后，从本质特质、发展形态和价值属性为研究出发点，论述了马克思主义友善价值观的理论特质。

三是针对福建省的 8 所高校大学生进行实证调研，通过相应的理论分析，提出相应的研究假设。通过利用 SPSS 24.0 和 AMOS24.0 对收集到的数据进行系统分析，并对相应的研究假设和模型进行了验证，发现大学生的人格特征、面子、关系、同伴压力等个体因素对友善价值观知行呈正相关；政府倡议、学校氛围和家庭影响等外界因素对友善价值观知行呈正相关；同时，大学生对友善价值观认知状况对友善行为意愿的发生呈正相关。在对影响因素进行验证的基础上，提出了当前做好大学生友善价值观引导的建议与启示。

四是在实证分析的基础上，对大学生友善价值观引导中存在的问题和困境进行审视。通过调查我们可以看到，当前大学生对友善价值观的认知总体呈现出好的一面，但部分大学生仍存在着价值目标困惑、价值原则疏离、价值判断失衡和价值选择脱节等问题。在聚焦当前大学生友善价值观引导问题的同时，也对当前大学生友善价值观引导中存在的主体意识、外部环境、伦理权威和践行机制等进行阐述。

五是系统分析了大学生友善价值观引导的规律和机制。在分析友善价值观引导的交替互动规律、有机性与渐进性规律和规范性与引导性三个规律的基础上，提出了明确友善价值观引导的目标机制、健全友善价值观引导的动力机制、完善友善价值观引导的运行机制，在实现友善价值观引导目标优化的同时，为增强友善价值观的社会认同感提供重要参照和借鉴，达到"熟知于心、践之于行"的成效。

六是对建构大学生友善价值观引导路径展开了探讨。首先，从涵养友善价值观引导的文本载体、管理载体、实践载体和媒介载体四个方面出发，对创新友善价值观引导的呈现方式予以阐述。其次，从建构学校教育、课堂教育和家庭教育等三个层面出发，建构大学生友善价值观日常行为养成体系。着重从建设健康校园文化、加强网络阵地建设、弘扬友善行为文化等三个维度出发，营造友善价值观践行的新氛围，为弘扬友善价值观提供新思路。再次，从合理引导大学生对友善价值观的主体性需要和培养大学生思考能力的同时，鼓励大学生参与道德实践的层面，培育积极向"善"的社会心态。最后，从重视群体差异、优化内容供给、融入法治建设和响应政府倡议等四个维度出发，提升新时代大学生友善价值观引导的针对性。

三、研究的具体方法

面对大学生友善价值观知行中存在的问题，寻找有效的研究方法成为解决问题的关键。为此，在结合友善价值观概念生成和演进过程，以及引导特点和规律的基础上，遵循马克思主义唯物史观基本原则，采用文献分析和比较法、实证研究法、个别访谈法等研究方法进行论证。

1. 历史唯物主义和辩证唯物主义研究方法论。作为看待客观事物及其发展规律的本质方法，当代大学生友善价值观引导研究不能脱离唯物史观方法论的指导。本研究从历史的角度和辩证的视角看待大学生友善价值观知行中存在的问题，一方面系统梳理了马克思主义友善价值观的发展脉络，另一方面对大学生人际交往中存在的正面和负面因素进行客观审视，在此基础上对大学生友善价值观引导做出符合时代发展和个体成长的建构路径。

2. 文本分析法。大学生友善价值观引导研究作为一个综合性课题，需要对友善价值观涉及的概念内涵进行系统回顾和梳理。本研究所引用的经典文献主要来源于以下三个方面：一是马克思主义经典作家关于善恶思想的相关阐述；二是中华优秀传统文化中的友善思想；三是国内学者关于友善价值观的研究成果；四是国外有关善恶思想和道德教育研究的理论成果。同时，大学生友善价值观引导研究作为实践性指向明显的课题，还应在追本溯源的同时，准确定位友善价值观的研究现状和发展趋势，形成明确的研究思路和理论框架。

3. 社会调查法。习近平总书记指出，调查研究是谋事之基、成事之道。[①] 要重视调查研究在大学生友善价值观引导研究中的重要作用。为了获取更多大学生友善价值观引导研究的第一手可靠资料，本研究在深入高校校园的过程中，通过与研究对象进行直接访谈接触，获取大学生在个体情境中对友善价值观知行现状，验证了相关研究中部分观点和数据的真实客观性。同时，在与个别大学生进行访谈的过程中，深入了解大学生群体友善行为发生的决定因素，为总结大学生友善价值观引导的发展规律和实现路径提供了参考依据。

四、创新之处

学术界在针对友善价值观培育与践行的内容、方式、路径等方面的研究都取得了较为丰硕的成果，但如何在新的时代背景中，从具体友善

---

① 《习近平在武汉召开部分省市负责人座谈会时强调 加强对改革重大问题调查研究 提高全面深化改革决策科学性》，《光明日报》2013 年 7 月 25 日，第 1 版。

价值观引导的现实情境出发，将其融入时代发展和人才培养的全过程的整体性研究相对较少。本研究以坚定大学生社会主义道德信仰为目标，深入探讨了友善价值观的理论渊源、时代内涵及理论特质，在分析引导现实问题的基础上，提出了做好当代大学生友善价值观引导的思路与方法。基于此，本研究的创新点有：

第一，厘清了友善价值观、大学生友善价值观、大学生友善价值观引导等方面的概念界定，对当代大学生友善价值观引导进行了较为系统的理论阐释。学界对友善价值观及其相关的内涵界定都较为笼统与模糊。本研究通过系统分析学界已有研究成果，对大学生友善价值观引导的内涵与外延都予以审视，将大学生友善价值观及其引导概念界定为：引导大学生在人际交往实践中，对各种社会道德现象进行客观认知，并从关怀和利他意识出发，增强大学生对友善行为评判、选择和在现实交往中的践行能力。在大学生友善价值观引导过程中，所展现出的个体行为态度、价值理念和人格特征，体现了大学生自我道德践行能力在新时代的理性升华，为理性评价大学生友善价值观引导成效提供了理论支撑。

第二，更加注重学理研究与实证分析的逻辑衔接，为大学生友善价值观现状与趋势进行了有较高信度和效度的分析。当前对友善价值观的研究更多聚焦于逻辑推演和理论归纳，而忽视实证研究。本研究试图从梳理马克思主义经典作家善恶思想的相关论述入手，在阐明友善价值观的理论品质、基本逻辑和时代价值的同时，更加注重对历史经验的借鉴和现实问题的关照。同时，从大学生现实生活入手，通过实证调研和现场访谈，收集和整理大学生对友善价值观知行现状的第一手资料，在理论分析基础上提出了相应的研究假设，并通过数据分析对研究假设进行了验证，对大学生友善价值观影响因素进行验证。调查结果表明大学生的性格、面子、人际关系、学校氛围、家庭影响等都会对大学生践行友善价值观产生影响，亲和性和尽责性对大学生友善价值观形成的影响不显著。

第三，以动态视角梳理大学生友善价值观引导过程，总结大学生友善价值观引导的逻辑与机制。作为本研究的核心问题，以往学界对大学生友善价值观引导研究，更多局限于静态成分的培育研究，而忽视了在引导过程中的规律归纳和机制培育。本研究在借鉴前人研究的基础上，在把握静态性研究的同时，从动态性视角出发，将大学生友善认知引导、友善情感养成、友善行为选择，以及道德人格塑造融入大学生友善价值观引导过程中。从知、行、意到理想人格塑造的动态引导过程中，不仅梳理了引导过程中所应把握的目标、方向和原则，还总结了引导过程应遵循的规律和机制，使大学生友善价值观引导研究更趋向合理。

第二章 ｜ 友善价值观的内涵阐释与时代解读

习近平总书记在党的十九大报告中指出："社会主义核心价值观是当代中国精神的集中体现，凝结着全体人民共同的价值追求。"[①] 这使党在价值理念和价值实践上达到了一个新的高度。面对新时代和新征程，对如何持续推进友善价值观的培育和践行，提出了新要求和新任务。友善价值观作为思想道德建设的灵魂工程，是民族生存和发展的重要力量，深入挖掘和阐释友善价值观的价值源泉，能够为新时代思想道德建设提供价值支撑。

① 习近平：《决胜全面建成小康社会 夺取新时代中国特色社会主义伟大胜利——在中国共产党第十九次全国代表大会上的报告》，人民出版社，2017，第42页。

第一节　友善价值观释义

友善价值观作为"百姓日用而不察"的价值理念，已深深融入人们日常生活的交往实践中。然而"熟知并非真知"，人们对友善价值观的认知尚存在模糊不清和不甚了解的尴尬处境。只有准确界定友善价值观的内涵与特征，才能有效避免研究过程中出现概念混淆和理论缺失等问题。因此，有必要对"友善"进行历史的梳理和现实的解读。

一、友善的辞源探究

友善作为道德的重要内容之一，是现实生活中人际交往和行为准则的重要道德规范，对维系个人、社会与自然之间的和谐共生起着重要的调节作用。研究友善价值观，有必要从辞源学角度进行考证，在此基础上明晰友善价值观的概念界定和内涵特征。

首先，友善从字面上看，是由"友"和"善"两个具有独立含义的字构成，是二者的统一。然而，原本两个独立的字如何联系起来成为"友善"？"友善"一词对各自词义的理解又会有何影响？古人们如何将这两个字厚植在中国传统文化中，并最终形成最具中华民族特色的友善思想？对这些问题的思考，不仅可以折射出古人的文化心理背景，也可以反映出词义发展中的相因生义。因此，要认知友善思想的深刻内涵，首先要从传统文化和词句渊源中，厘清人们对于"友善"所要表达的意境内涵。那么，在中国传统文化中"友善"一词所代表的意蕴究竟有哪些？"友善"到底有何特别的内涵，引导人们去追求"友善"生活的理想状态？只有从辞源的角度厘清"友善"词语的渊源和演变，才有可能在中国传统文化的基础上全面认知友善价值观。

"友"是象形字，最早见于殷代卜辞和金文中，其造词本义是"握手结交，共处互助"，象征着朋友之间的互助意识。"字圣"许慎在《说文解字》中对"友"的本义进行了较为详细的解释，他将"友"意为"同志为友，从二又，相交友也"，并在字形采用两个"又"会意，像两人交手相握和彼此友好，其本义则是互相帮助。例如在《孟子·滕文公上》对"友"进行生动的描述，"乡田同井，出入相友，守望相助，疾病相扶持，则百姓亲睦"。可以说，"友"的基本意思就是朋友间的志趣相投、协力互助和相互鼓励。因此，"友"从辞源的本义出发，可以引申出兄弟之间的"互助共处"关系，也能表示志趣相投的人之间的"互帮互助"，二者之间的"友好友爱"之意，还引出"和睦"和"交友"之义。"友"的最早词义是在西周时期，为了确保"宗法制"能够得以延续，需要兄弟之间维持"友好友爱"和互帮互助，来维系社会秩序的稳定延续。例如在《尚书·康诰》中所提及的"元恶大憝，矧惟不孝不友"，将不孝养和不友爱联系在一起；也有主张用柔和的方式，维系朋友之间和社会秩序的稳定言行，《尚书·康诰》："平康正直，强弗友刚克，燮友柔克。"从词性的角度来看，"友"作为动词可以引申为"交友"的意思，这与古代社会所倡导务实精神和追求实用价值的人际友好关系有关，如《荀子·性恶》所提到的"择良友而友之"，《论语·颜渊》中所提倡的"以友辅仁"，《论语·季氏》中所表达的"友直，友谅，友多闻，益"等，阐释了人与人之间友好关系所带来的作用。因此，从"友"的词义来看，"友善"的"友"更多的时候是表明动词词性的"友好"之义。

对于"善"的解析，可以从用法以及含义进行阐释。首先，作为会意字"善"在古文中的写法为"譱"，许慎在《说文解字》中对"譱"的解释是：" 譱：吉也，从羊"，以此来表示一种价值标准和对价值的崇高追求。对于" 善"的解释内容丰富，由于词性的不同对于" 善"的理解和把握也不尽相同。其一，作为形容词的" 善"，除了表示吉祥的意思之外，还表示善良，如《论语·八佾》所说的" 又尽善也"等。同时，还有表示人与人、国与国之间的亲善友好关系，如《正字通》：" 与人交欢曰友善"，《战国策》中所讲到的" 齐楚之交善"的亲善友好往来。其二，" 善"作为名词更多地表达为善良的意思，这里的善是与恶相对应的一对范畴。如《荀子·劝学》中所指的：" 积善成德，而神明自得，圣心备焉"；还有将善视为人的优点来进行的阐述，如《论语·述而》里所讲到的：" 择其善者而从之，其不善者而改之"。其三，善作为动词可以表达为赞许和欣赏他人优点的意思，如王充《论衡》里所说的" 使孔子欲表善颜渊"；也有表达交往的友好亲善行为，《孟子·公孙丑上》中所谓的" 与人为善"；《左传·隐公六年》中所提到的" 亲仁善邻，国之宝也"；《国语·晋语二》所说的" 夫固国者，在亲众而善邻"。综上所析，善字更多时候是作为褒义词进行使用的，其用法和内涵丰富，本文所指的" 善"作为" 我们的内在要求即理想的实现"① 主要包含以下几个意思：一是指人与人之间在交往上的亲善友好关系；其二可以作为指向人或事物的善良品质；三可以指代对美好事物的意愿；四可以从对待人或事物态度上的指向。

在对" 友"和" 善"的词义渊源分析的基础上，将二者结合起来组成的" 友善"是" 友"和" 善"的统一，意味着与人为善和关爱他人，具有三层意思：一是可以用来形容人与人之间亲近和睦的关系；二是形容人或物的亲近友善的品质；三是可以用来解释友善待人。因此，" 友

---

① ［日］西田多几郎：《善的研究》，何倩译，商务印书馆，2009，第125页。

善"一词的基本含义可以表达为"在人际交往过程中所表现出来的待人接物的友好和互助行为",更多发自于"人们对于友善价值的追求"。① 在中国传统文化中,友善一词最早出现在《汉书·息夫躬传》:"皇后父特进孔乡侯傅晏与躬同俊,相友善",本义是相互友好对待的意思。这与孔子提出"仁者爱人"和孟子强调的"与人为善"在表达的意义上是一致的。中国传统文化蕴含着丰富的友善思想,主要包含三种境界:第一个境界是他人对自己友善;第二个境界是自己对别人友善;第三个境界就是自己对自己友善,其最终目的所强调的是以"推己及人"的方式,规范和协调人际关系和交往方式。"友善"关系的形成和确立并不是毫无原则的,而是有其特有的原则和目标,它更多的是建立在人们对追求友善德性而进行的理性实践。因此,从维系个人、社会和自然三者和谐共生关系的角度来看,友善的行为准则是维护人际关系融洽的道德纽带,同时也是社会秩序健康发展的重要基础。作为道德主体的人的外在行为表征和内在心理要求,友善价值观念的养成和确立,对国家治理稳定、社会家庭和谐以及人际关系融洽具有重要的价值意蕴。此外,"友善"作为正能量的词汇之一是有边界范围的,并不是指代为了实现个人利益和达到某种要求而产生没有原则底线、是非标准和善恶不分的"伪善"行为,而是在克服时代和阶级局限的前提下,坚持"适宜"和"得当"原则,追求"致善境为相友"的道德境界。可以说,传统友善文化所蕴含的思维方式、价值规范和行为理念,潜移默化地影响人们在现实生活中的行为选择和精神追求。

通过对"友""善"和"友善"的辞源探究,本研究认为的友善内涵主要指向人与人之间的友善交往,其外延指向的个体、社会与自然三者

---

① 李建华:《友善何以成为一种核心价值观》,《伦理学研究》2013 年第 2 期。

之间的友善共生关系。这三者之间的关系可以从以下三个方面进行阐释：一是从个体的角度出发，作为道德规范来协调处理人际交往关系的态度和立场，这是基于"友"的关系和"善"的意志所指向的合理表达；二是从社会的角度来看，维系社会秩序和谐有序，需要依靠公民在公共生活空间的相互尊重、融洽相处和互帮互助予以维系；三是从人与自然的维度来看，需要将其所包含的态度情感视为"人与自然和谐共生现代化建设新格局"的润滑剂，改变以往固有的"占有性"思维的同时，将友善共生理念融入生态文明建设的战略格局中。

二、价值观的内涵

作为个体人格体系和精神体系的一个核心概念，价值观对人们思想观念、行为观念和社会化等发挥着重要的导向作用。在满足自身需要的实践活动中，价值观逐渐成为人们对社会实践交往各种现象的总的看法和根本观点。

（一）价值观的一般特性

价值观是关于价值问题的根本看法和观点。与对某一事物具体评价和一般价值评价标准有所不同，价值观是在认知世界和改造世界的过程中，逐渐形成的一种理论观点和观念形态，具有稳定性、持久性、历史性、选择性和主观性等特点。

在现实生活中作为"一般的信念"的价值观，是个体或群体所持有的某种价值观念，其形成与发展离不开特定主体的社会生活、经济状况和文化理念等。可以说，价值观的一致是人际关系协调发展的保证。不同层次的主体价值观的目标指向具有同一性又有差异性，就内容范畴而言，个体的价值观从属于该个体所属群体的价值观，小群体的价值观从属于其所属更大的群体或者社会的价值观。作为合乎需要但超越情境的目标,社会价值观对个体价值观的形成与发展具有引导和制约的作用,能够为价值主体在日常生活中的行为选择提供方向和解释。

既然价值观是特定主体的价值观,那么它总要包含和体现主体一定的目标理想,对指导人们的目标定位、行为选择和规则遵循具有重要的导向作用。这并不是简单地对事物及其与自身关系的现象认知,而是沉淀在人们的意识和观念之中。在不同的社会环境中,价值观对个体目标的确立、实现价值目标的方式、制定行为规范准则具有重要作用。例如,在社会主义社会中,"走社会主义道路,就是要逐步实现共同富裕",[①] "社会主义的目的就是要全国人民共同富裕",[②]这是社会主义初级阶段的理想目标。对这一理想目标的追求,包含着对个人性目标、社会性目标的价值建构,充分体现了"为人民服务"的价值宗旨和集体主义的价值导向,这与资本主义社会中所倡导的个人主义价值观的目标具有本质上的区别。

价值观作为人们对行为导向和规范体系的内在认知和态度评价,对人们"在认识、改造自然和社会的过程中产生与发挥作用"。[③]对于个体主体而言,符合社会发展趋势的价值观,不仅有利于个体进行价值判断和评价时使其做出倾向性的结论,而且还能在个体内心规范体系的建构形成一定的指引和约束作用。对于群体主体来说,有利于激发群体成员对良善品格的追求。群体价值观的自觉践行渗透于各种具有外在约束力的规范体系之中,以体现这种价值观的本质特征,例如道德规范、宗教教条、政治规范、经济规范等。这些规范体系不仅是价值观的外在体现,而且起着向个体灌输和对个体强化群体共同价值观的作用。

---

① 邓小平:《邓小平文选》第 3 卷,人民出版社,1993,第 373 页。
② 邓小平:《邓小平文选》第 3 卷,人民出版社,1993,第 110—111 页。
③ 习近平:《习近平谈治国理政》第 1 卷,外文出版社,2018,第 171 页。

人们价值观的形成与社会实践活动密切相关，价值观作为判断是非曲直、真善美和假丑恶的标准，是引导和规范人们在社会实践活动中的价值判断和行为准则。可以说，特定主体在不同时期形成的价值观，对人们内心深处的价值取向和道德实践具有重要的影响。作为人们在普遍性问题所持有的立场、观点和态度的总和，如果脱离实践活动的制约，很难成为人们内心深处的价值评价的标准。价值观只有在实践中才能形成并得到长足的发展。同时，正是由于不同时期、不同民族实践的具体方式和特点的不同，产生出了价值观上的差异。一方面，价值观随着社会历史的发展变化而不断发展变化。人类社会产生以来，价值观经历了一个漫长而巨大的演变过程，还将随着社会历史的进步而不断得到提升和升华。另一方面，由于各民族在生产方式等方面的差异，从世界范围来看，价值观也存在着巨大的差异。随着人类实践活动的深入和交往的扩大，民族间的价值观差异也会在比较、融合和发展中逐渐缩小。在实践活动基础上形成和发展的价值观，由于人们的实践方式和所处的地位不同，人们的行为方式、手段和目的选择也存在不一样的价值取向。当价值观同社会历史发展趋势和绝大多数人利益相一致时，就能产生强大的精神力量。对于集体主义者来说，人民的利益、国家的利益高于个人利益，是最重要的、最宝贵、最值得追求的，因而也就具有最高的价值。从这种价值观出发，无产阶级和马克思主义者认为，人民、国家和社会的利益是评价一切事物有无价值和价值大小最重要的标准。在建设中国特色社会主义的进程中，面对人与人之间利害冲突所引发的对生活准则的信守，需要在实践生活中坚守正确的价值导向，形成人们对友善自觉践行的良好氛围，建构合乎社会规范和交往实践的合理路径。在人们的观念系统中，对于任何一个主体来说，价值观不仅与世界观紧密联系，而且与人生观相辅相成，三者紧密联结在一起，形成一个有机的整体，在坚定人们理想信念和塑造崇高思想境界的同时，有利于人们形成善良的价值意愿，做出正确的价值判断。

（二）价值观与世界观、人生观

在人们的思想观念中，世界观作为人对世界的理性看法，"主要回答的是世界是什么"这一本源问题，是对客观世界、社会历史以及人的思维等一系列问题的总的看法和根本观点。辩证唯物主义世界观认为，人的活动既要在遵守客观世界的规律，又能通过实践认识和改造自然以及人类自身。[①] 在现实生活中，世界观对人们观察、分析和处理问题提供重要的方法论指导，不同的世界观对人们观察和对待客观事物的看法也呈现出差异性。与唯心主义世界观否认世界物质性不同的是，马克思主义世界观是辩证唯物主义和历史唯物主义世界观，这是一种彻底的唯物主义世界观，与形形色色的唯心主义世界观有着本质的区别。马克思主义世界观克服了朴素唯物主义世界观和形而上学唯物主义世界观的局限性和不彻底性，是唯一正确的世界观。作为人们认识和改造世界的出发点，树立和坚持什么样的世界观，对于个人和社会的发展都具有重要的指导作用。树立辩证唯物主义世界观，能够帮助人们在坚定共产主义理想信念，增强人们对中国特色社会主义的"四个自信"。同时，在面对可能遇到的各种复杂局面和棘手问题，保持积极向上和乐观进取的实践精神，切实提高将预期目标变为现实结果的洞察力和预判力。

世界观是价值观的前提，影响和决定着人们的实践活动；价值观建立在一定世界观和方法论的基础之上，是世界观的表现，二者相互区别又相互联系。人们要在实践活动中实现某种价值目标，就要在坚持正确世界观和方法论的前提下，才能对多元价值取向进行整合和消解，引导

---

① 罗国杰：《树立正确的世界观、人生观和价值观》，《中国特色社会主义研究》1996 年 3 期。

人们形成判断是非和评价善恶的价值正确准则，进而进行正确的价值选择和路径建构，帮助人们树立正确的价值观。价值观直接制约着人对世界观察的角度和改造的方向，对于人们如何看待自我、理解生活，以及如何处理人我关系等都有重要的影响。因此，什么样的世界观，就有什么样的价值观，只有树立了科学的世界观，才有可能形成正确的价值观。价值观一经形成，就能对人们认识世界和改造世界的活动产生深层导向作用。因此，人们在价值观的形成过程中，总是与世界观的形成与发展相互影响、互为表里。

在现实生活中，人生观总是和世界观紧密联系在一起。这是因为，人们的所有活动，都不可避免要在认识世界和改造世界的过程中，同自然界、社会发生各种联系和关系，在不断积累经验的基础上，形成对自然、社会的稳定认识和看法，从而形成不同的世界观。同时，人们认识世界和改造世界，归根到底是为了推进人类社会的发展和进步，在此过程中形成对人生问题的思考，也是世界观产生的一个重要的现实基础。世界观是对自然、社会和人自身总的看法和根本观点，包括对人生目的、人生意义，以及幸福、苦乐、荣辱、生死等人生相关问题的系统看法。一个人的价值观制约和影响着他的人生观。一方面，价值观对于人生观的形成和发展会产生重要的引导作用。人生观作为世界观在人生问题上的具体体现，对人们道德行为和道德品质的养成具有重要作用。作为认识和实践主体的人，人生观集中反映了人们对人生价值理解和对待生活的态度和行为，决定着人们人生道路的选择、方向和目的。另一方面，价值观还可以成为人生观中的重要内容。价值观是人生观中最重要和最根本的部分，对人生目的、意义的理解，对人生中的幸福、善恶、荣辱等的认识和衡量，都表现为一种价值评价；人生目标的确立和人生道路的选择，从根本上说，也就是一种价值选择。

人生观和价值观是世界观的表现，二者在现实生活中相互影响和制约，我们所讨论的世界都是属人的，离开了人，对世界观的讨论也就失去了意义。人生观虽然涵盖的范围没有世界观广阔，但对每个人来说都具有特别现实和重要的意义。在人生观中，对于人与人、人与社会以及人与自然等关系的认识程度，都与一个人的价值观息息相关。人们在价值观上误入歧途，往往是由于在认识上割裂了人生观和价值观的联系，或者受到错误人生观的误导，从而在价值问题上，尤其是在人生价值问题上，陷入误区。

价值观在人们的观念体系中并不是孤立的，价值观是世界观、人生观的核心内容。从思想政治教育的学科角度来看，价值观是思想政治教育的核心内容。因此，作为思想政治教育一以贯之的不变主题，必须把世界观、人生观、价值观的教育紧密结合起来，同时个人也要在实践过程中不断地加强世界观、人生观和价值观的锻炼和改造，同各种唯心主义世界观、人生观和价值观划清界限。只有这样，才能塑造出更多具有优秀品质的时代新人。

三、友善价值观的构成要素与结构

作为社会主义核心价值观的重要组成部分，友善价值观的精神内涵，究竟是由哪些基本价值要素构成的，这也成为系统认知友善价值观的重要前提。同时，在友善价值观的践行中，如何建构一个结构完善、层次分明的友善价值观认知体系，是思想道德建设的一项基础工作。

（一）友善价值观的构成要素

友善价值观的精神内涵，是通过一些基本价值要素而得以体现。具体而言，主要包括如下几个方面：

第一，尊重是友善的第一要义。尊重作为人际平等交流的基本原则和要求，是对人或物某种特定属性与价值的认可、尊重与重视。可以说，作为友善价值观构成的第一要义和特征，真正意义上的尊重是人们对友善交往行为发生的关注和回应，是友善价值诉求和行为践行的前提条件。同时，个体之间的相互尊重要求每个人在人际交往中，形成自己的价值判断和友善行为选择。对于人际交往中存在缺乏尊重的举止行为，可以通过健全友善反馈机制和关键环节的重置，增强尊重主体和他人事宜的态度和行为，使相互尊重成为友善往来的基础。因此，尊重他人与友善待人作为一种人的德性要求，成为道德伦理观念和价值体系的核心表达和内涵。经济的快速发展和社会的发展变迁，改变了传统"熟人社会"的交往模式，"陌生人社会"的形成正逐渐对人们的思维观念、生活状况和价值取向等带来了新的变化。那么，究竟应该以何种态度来面对这种变化和差异，达成人们在人际交往中的价值共识？事实上，城市化进程的快速发展与"熟人社会"的逐渐解体，使得人们在社会生活中逐步进入了一个"陌生人"为主的现代社会。作为人的现实存在状态，现实中的个人都在以各种方式在社会交往中实现自我价值和人生目标。然而，在陌生的"他者"充斥的"个体化"社会中，道德冷漠、友善缺失和社会戾气等负面现象仍然存在。尊重个体差异作为人际交往的基本前提，对于树立人们友善交往观念的形成，化解人际交往的冲突，具有重要的现实价值和意义。在此背景下，注重人的尊严和关注人的精神存在就显得格外重要。"相互尊重"和"友善共处"的精神价值，对于个体自身的社会价值和期待而言，是一切个人行动的出发点。事实上，当下的中国社会已为现实个体之间的尊重营造了良好的社会环境，为实现人与人之间的相互尊重提供了可能，对于激发人们的友善认同感，营造社会道德风尚具有重要的价值导向。

第二，宽容和礼让是友善的基本要求。宽容和礼让他人，是友善行为发生的前提条件，也是友善待人的基本要求，并能很好反映一个人的道德情怀和思想境界。多元价值观念和交往方式并存，对人们的思维方式、行为习惯和价值观念等方面带来了巨大的冲击，这迫切需要友善价值观念来引导人际交往。友善是一种基于人际友善共处的宽容和礼让，其实质上对不同价值文化的人予以理解和尊重，彰显的是人性的包容和美德，反映的是人的道德情怀和思想境界。友善作为一种包容开放的价值理念，其所蕴含的对社会多样性的包容和接纳，能够引导人们在多元思想和文化中，协调不同群体之间的交往理念和价值追求，强调友善价值观宽容礼让的基本要求，能够正视当下人际交往存在的矛盾和问题。人际交往存在的问题，可以通过人与人之间的宽容礼让得以有效化解。作为友善的基本要求，就是需要在公共生活中既要满足个人利益的需求，也要宽容接纳不同生活方式的其他社会成员。这就需要我们在日常生活尊重和包容彼此间的差异性，在共生互动中实现对现实生活的世俗关怀。同时，宽容和礼让是建立在对是非善恶的正确判断的基础上，并不是无原则的"宽容"和无底线的"礼让"。

第三，团结和互助是友善的理想性诉求，源自人们对共同价值、利益和情感的迫切需要。面对现代社会出现的道德冷漠和友善缺失等现象，团结互助能够成为人际交往的重要纽带，也是最重要的友善交往准则。就友善的本意而言，它是爱的真切表达，是善良意志在处理人际关系时所表现出来的善良行动，它促使人们愿意与他人共同生活，并尊重、接受他人。友善本身作为一种道德的善良意志，社会交往的实践性特征需要以团结来诠释和补充"友善"，以此来反映人们对友善价值观的期待和诉求。作为社会主义核心价值观的友善在新时代被赋予了更丰富的内涵，团结互助作为社会生活中的人们对友善交往的价值渴望，可以说以团结互助为价值内涵的友善价值观,对人们在思想上和行动上的统一起到了"凝心聚力"的作用。因此,友善作为社会团结的情感纽带,是当代社会主流价值观向现代形态发展的更高境界,也是考验人性道德的必然标准。作为道德主体超越个人功利的团结互助,不仅需要营造崇德向善的社会氛围,而且需要以维护社会成员的共同利益为基础。整体而言,友善所包含的团结互助精神,是公民性和理想性在交往过程中的体现,有助于协调规范现实生活中的个体价值和群体价值。团结互助作为友善的价值诉求和内在道德维度,对指导现实生活中人际交往行为,维系国家、社会和个人三者的价值共识和利益共享起着至关重要的作用。

(二)友善价值观的属性特征

不少学者分别从不同角度对友善价值观进行了解读,形成了不少对友善价值观的看法和认知。友善价值观的属性特征到底是什么?与传统友善思想和西方资产阶级所倡导的"博爱"在政治立场、价值取向和精神追求方面到底存在哪些不同?了解这些问题,对人们正确界定和理解友善价值观并使其成为人们内心的价值认同和践行准则来说是一个重要问题。任何民族的核心价值观,都离不开本民族的独特国情和优秀的传统文化。友善价值观是在"中国大地上形成发展起来的",[1] 是符合时代特征和发展要求的价值观念体系。习近平总书记对社会主义核心价值观的属性特质做了深刻阐述,他指出:"我们提出的社会主义核心价值观,把涉及国家、社会、公民的价值融为一体,既体现了社会主义本质要求,继承了中华优秀传统文化,也吸收了世界文明有益成果,体现了时代精神。"[2] 从中我们可以看出,友善价值观所体现的四个方面的属性特征。

---

[1] 习近平:《习近平谈治国理政》第 1 卷,外文出版社,2018,第 174 页。

[2] 习近平:《习近平谈治国理政》第 1 卷,外文出版社,2018,第 169 页。

1. 体现社会主义本质要求

社会主义作为友善价值观的根本属性和本质特征，是界定和理解友善价值观的首要前提。友善作为社会主义核心价值观，蕴含着人们对人际交往的价值诉求和目标要求，对解决人际交往存在的诸多问题指明了方向。友善价值观自正式提出以来，之所以能够成为规范和引导人际交往的"最大公约数"，其根本原因在于它"既是个人的德，也是一种大德，就是国家的德、社会的德"。① 因此，从公民道德层面来看待友善价值观，有利于全面认识友善价值观的目标愿景和鲜明特色。友善价值观的"社会主义本质要求"，主要体现在以下四个方面：

第一，马克思主义为友善价值观提供科学的方法和行动指南，它回答了"我们要培育什么样的公民"这一重大问题，揭示了我国的社会主义道德建设的发展规律，体现了公民道德的价值走向。友善价值观具有鲜明的社会主义本质属性，体现了马克思主义及其中国化理论成果的价值追求，为当前思想道德建设提供价值支撑，对坚持和发展中国特色社会主义道德指明了方向。因此，友善价值观的培育和践行应当主动适应社会环境发展的新常态，将其纳入"五位一体"总体布局的宏伟目标中。坚持用马克思主义解读中国思想道德领域存在的人际交往问题，要着眼于当前思想道德建设实际来提升社会文明程度，凝聚人们对新时代友善价值观的思想共识。

第二，友善价值观的核心理念是为人民服务。做好友善价值观的培育与践行，要将体现和维护广大人民根本利益作为最终衡量标准。党的十六届六中全会提出"为人民服务是社会道德核心"的道德命题，经过二十余年的宣传和实践，已然成为全社会都应遵守的道德准则和行为规

---

① 习近平:《习近平谈治国理政》第 1 卷，外文出版社，2018，第 169 页。

范。为人民服务作为社会主义道德的核心体现，是人民性、优越性、先进性和规范性在社会主义道德建设中的集中体现。因此，在全社会倡导和弘扬友善价值观，必须要树立以人民为中心的工作导向，将为人民服务和满足人民道德需求结合起来，更好地将友善价值观的培育与践行和公民道德建设有机结合起来，真正让友善价值观得到人们的认同和接受。由于友善行为主体和需求层次的不同，为人民服务的核心理念也体现出不同的层次性。这就要求要做好当前友善价值观的引领工作，要着眼于广大人民群众这一多数，通过榜样引领和价值导向将友善价值观所体现的先进性和广泛性结合在一起，坚持为人民服务的核心理念，坚定友善价值观引导的正确方向。

第三，友善价值观的目标原则是集体主义。在对友善价值观本质属性进行探讨时，集体主义原则作为协调国家、社会和个人三者之间的利益关系时，起到了重要的价值引导和调节作用。友善作为社会主义核心价值观蕴含着丰富的集体主义元素，是集体主义价值观在道德领域中的集中体现，应当将其放在恰当的位置。换言之，集体主义始终贯穿着友善价值观的精神内核和价值原则，对引导个人正确认识和处理与社会、国家关系的价值准则发挥着重要作用。在社会主义社会中，强调集体主义价值观并不是否定个人利益或一味强调国家集体利益，它是建立在个人利益和集体利益统一认知的前提下，以实现和满足广大人民群众的物质利益需求和精神文化需求为出发点和落脚点。与其他社会形态所倡导的建立在个人利益基础之上的"博爱""友爱"等价值观来说，集体主义的最终目的是实现人的自由的全面发展。集体主义作为社会主义长期倡导的价值观念之一，要将集体主义精神融入日常生活中并作为人际友善交往的道德规范，同时按照统筹兼顾的原则协调各方利益，才能真正发挥友善价值观凝聚人心和汇聚力量的作用，为社会发展和道德建设提供强大的精神动力和价值支撑。

第四，友善价值观是以"五爱"为基本内容的道德规范体系。"五爱"作为我国最早提倡的公民道德规范，经过长期的演变和发展直到 1982 年写入宪法，明确规定了全体公民都应遵循的基本社会公德。作为友善价值观的道德镜像，这种道德规范发展的历史连续性，正是对个人层面所体现的道德要求。如前所述，友善作为协调国家、社会、个人和自然四者之间的交往关系和价值规范，在"五爱"与"友善价值观"的相互关联中，友善意味着对国家的热爱、对人民的和善、对劳动交往的担当、对自然环境和科学健康生活方式的倡导以及对社会主义制度和理想信念的坚定。因此，友善作为一种行为规范和道德要求，它更多体现的国家、社会和个人三个层面的互动关系，为国家价值、社会价值和公民自我价值的实现，提供了道德合理性和所需的道德诉求。

2. 传承中华优秀传统文化

友善作为中华优秀传统文化的重要内容之一，经过理论化进程、社会化途径和生活化导向的转向，其价值理念深入人们的政治、文化和生活中的各个层面，使友善成为人们"日用而不觉的价值观"。① 友善对维系人与人、人与社会和人与自然之间的共生发展起着不可替代的作用，同时也是整合思想意识和维护社会秩序的重要途径，其独特的价值特性为丰富治国理政提供精神滋养。

（1）友善思想所蕴含"仁爱"的理念底色，有助于推动个体行为价值的实现

"仁爱"作为儒家之道的根基，被视为是"众善之源，百行之本"。在儒家思想里，"仁爱"是最高的道德规范和为人处世之道，其深层内涵

---

① 习近平：《习近平谈治国理政》第 1 卷，外文出版社，2018，第 171 页。

是重视人的价值和规范人际交往的行为要求。儒家"仁爱"观主张在道德生活和人际交往过程重视"仁"的伦理主张和道德理念，并注重"人"的社会价值，进而提出了"仁者爱人""克己复礼曰仁""亲亲之伦""泛爱万物""己所不欲，勿施于人""己欲立而立人，己欲达而达人"等人际友善交往的基本价值取向。同时将"仁德""仁道"等理念渗透到人们的社会行为和交往实际中，达到"博爱之谓仁""与人为善""互帮互助"和"亲善友好"等对人际交往理想境界的崇高追求。孟子从"人性善"的角度来阐释和挖掘人性的根源，提出了人性交往中存在的"四善端说"和完整的"仁政"理论。荀子主张"性恶"，以"化性为伪"为手段，提出隆礼重法、德法并举的"礼制"理论。先秦儒家所倡导的"仁义礼"之说，构成了儒家友善思想的核心价值理念。经后世思想家的补充和发挥，在如何对待"人与己""公与私""义与利"等关系向度和追寻友善本体论基础的过程中，形成一套完整的道德原则和道德规范，使友善逐渐成为社会道德生活中人际交往的道德理念和思想底色。可以说，儒家"友善"思想是基于善的基础上的人际交往，其"仁爱"与"善"的理念立场的一致性，为个体伦理价值的实现提供了可能性与可行性。

（2）友善思想所提倡"忠恕"的行为准则，有助于拓展当代道德建设的方法

"忠恕"之道作为实现"仁"道精神的内在途径，主要用来指导人际交往关系的行为准则和道德标准。"忠道"在儒家友善思想道德建构的立足点是由自己而非他人出发的，"恕道"所蕴含的推己及人、己所不欲，勿施于人的伦理方法和行为模式，对人际友善交往的实现起着重要的价值导向作用。"忠恕"体现在人际友善交往的建构和实现的关系问题上，包含了"一个重要的思想前提，就是人同此心，或人我同欲。由此，才能从'施于己而不欲'，推知人亦不欲，即可推己及人，将心比心，'能

近取譬'。于是，从'爱人'之心出发，'亦勿施于人'。同样，因为'人同此心'，我之所欲，亦人之所欲，故可'己欲立而立人，己欲达而达人'，而这也体现了'爱人'之心"。[①]儒家学者们都十分关注道德的践履价值，主张通过自省自律的道德修养来处理人己关系、克己恕人的忠恕之道来正视人他关系、克己复礼的正己之行来协调人群关系，强调通过个体的善达致社会的善的基本路径，这对当前社会道德建设提供强大的道义支撑。

（3）友善思想所提倡"和谐"的价值目标，有助于共享社会伦理价值的成果

追求人际关系的和谐共生，是儒家友善思想的基本价值取向和精神。儒家先哲们出于对社会危机和人际交往等现实困惑，提出了对理想人际关系与和谐社会的设计和构想。可以说，"和谐"与"友善"的价值理念在儒家思想中有着特殊地位，共同构成了儒家思想在现实生活中共同的表征。儒家友善思想追求的人际和谐、群体和谐和天人和谐之间共生关系和伦理价值，强调的就是二者对理想社会从"友善"交往到达"和谐"共生的美好追求。儒家作为仁政和礼治的主要流派，主张"以礼节和""和而不同"以及"宽以待人"的原则与方法，在人际交往过程中主张在尊重主体差异和个性的前提下，实现人与人之间的友善共生状态。儒家所倡导的"礼之用，和为贵"的价值理念，为人们在人际交往过程中面对不同意见和分歧时，提供了正确的行为准则。主体间通过相互沟通和理解来化解矛盾和问题，这也就"意味着主体之间同心同德、协力合作"。[②]儒家友善思想以"和谐"为价值目标来实现不同元素之间的调

---

① 朱贻庭：《中国传统伦理思想史（增订本）》，华东师范大学出版社，2003，第41页。

② 朱贻庭：《儒家文化与和谐社会》，学林出版社，2005，第83页。

和达到和谐的效果，通过尊重主体差异、思想利益调整和平等交流沟通等实现人际交往和睦，最终实现"社会和谐"。

（4）友善思想所憧憬"大同"的理想境界，有助于建构命运共同体的新高度。

儒家友善思想所体现的至善境界及对理想社会的建构，集中体现于对大同社会的阐释。这种"大同"是古代思想家所追求的社会理想。在《礼记·礼运》中，首先对大同社会的具体特征和建构原则进行了描述："大道之行，天下为公，选贤与能，讲信修睦。故人不独亲其亲，不独子其子，使老有所终，壮有所用，幼有所长，矜寡孤独废疾者，皆有所养；男有分，女有归；货恶其弃于地也，不必藏于己；力恶其不出于身也，不必为己。是故谋闭而不兴，盗窃乱贼而不作，故户外而不闭，是谓大同。"我们从中可以看出以下三个方面的内容要义：一是大同社会的管理体制注重的是"选贤与能"，而人的道德修养则成为选举的重要标准之一。二是大同社会将"讲信修睦"，作为人的社会行为的基本要求和建构良好人际关系的原则。在引导人们践行过程中，这种"讲信修睦"为人际友善交往创造了人性条件和社会人际基础，这二者是共生互成的关系。三是重视每个人在大同社会的生存权利和获得社会保障的权利，认为社会有序和谐地运行和关注弱势群体的生存权利，是社会生活中实现人际友善交往的重要保障，也是儒家友善思想追求"修己安人"和"治国平天下"价值目标的重要体现。

3. 吸收世界文明成果

古今中外的先哲们都提出了对友善独特的思考方式，使其在人际交往中不断帮助人们理解人类生活。唯有在吸收世界文明成果的基础上，思考友善价值观的历史演变和现实关照，才能在不同文明的交流互鉴中博采众长，在审视中西思想文化的差异中坚定文化自信。

中西友善思想由于不同时代科学和认识水平的差异，但都为所处时代的人们带来智慧启迪和思考空间。作为世界优秀道德文化所要解答的重要问题之一，可以从世界文明的交流互鉴中得到启发。亚里士多德、苏格拉底和柏拉图等西方先哲们，对西方传统社会友爱观进行了专门的阐述。现代西方友善价值观，把理性作为善的基础和道德实践途径，并依附于公共伦理和公民道德等各种具体情境的道德规范之上，渗透于人与人的生活境况和实践领域中，进而建构出了公民之间善意互动的社会关系。中西方友善思想的道德实践，一个立足点在"修身"，一个立足点在"自知"，表现形式上一动一静，一外一内，虽说实质上友善的"修身"之道是为成"仁"，"自知"是为获"德"，中西方古代先哲都强调只有知行合一才能完成，但道德实践立足点的不同，构成了中西方友善价值观指向的巨大差异，这种差异成为中西方在社会生活领域，为实现"民众共善"提供了不同的道德实践方法。

作为中西方友善价值观对话的重要环节，我们应当在中国话语情境和实践理路中，吸收借鉴世界文明的优秀成果。要坚持古为今用、以古鉴今，坚持有鉴别的对待、有扬弃的继承，才能科学对待世界各国文化，用人类创造的一切文化武装自己，防止崇洋媚外和全盘西化的倾向。在推动物质文明与精神文明协调发展的时代背景下，友善价值观并非空虚的理论，而是新时代人们对美好生活向往的精神动力和践行要求，是"全国各族人民共同认同的价值观'最大公约数'"。[1] 因此，友善价值观要合理吸收世界文明的有益成果，充分体现社会主义本质特征和时代要求。这就要求我们面对西方友善思想存在的层次困境和历史局限时，在保持清醒认识的同时，科学对待中国友善思想文化的优秀成分，为新时代中

---

① 习近平:《习近平谈治国理政》第 1 卷，外文出版社，2018，第 168 页。

国思想道德建设提供思想指针。

4.彰显时代精神

友善作为一个重要的时代命题，几乎是中国思想道德领域舆论中出现频率最高的词语之一。然而，在社会转型的时代背景下，传统的友善品行正面临着现代性所带来的冲击，同时也在滋生着社会矛盾，人们的价值取向、生活追求和道德信仰等面临着严峻的考验。"社会文明水平尚需提高"①是新时代我国思想道德领域所面临的突出问题之一，也是决胜全面建成小康社会亟待解决的重大课题。人际友善共生作为社会文明的基础与核心，是彰显社会文明程度的"指示器"，也是构建和谐社会的"润滑剂"，已然成为中国共产党在思想道德建设领域的"重大法宝"。

社会道德认同的深化、传统文化的现代转换以及道德生活的复归，构成了新时代思想道德建设的新常态。如何把握历史机遇和营造"崇德向善，见贤思齐"的舆论氛围，用友善价值观有效引领社会价值、规范社会行为、维护社会秩序，成为推动新时代思想道德建设的关键环节。首先，作为实现中国梦不可或缺的精神内涵，友善思想不论是在传统社会还是在现代社会，都是衡量生活质量和幸福水准的重要标志和指标。友善思想所强调用"推己及人"的方式来规范和协调人际交往方式，能够扭转人性中"向内看"和"向下看"的固有惯性。作为"道"的"友善"就是力图通过道德的力量扭转这种固有思维，将等差之爱与其他精神特质相契合，使友善成为人们在新时代普遍的道德情感和精神坐标。其次，友善能够弥补其他社会规范和行为准则望尘莫及的区域，是夯实力行友善价值观的物质基础和衡量社会公平正义的重要尺度。例如，法律不方便干预社会成员人际交往和道德选择行为的发生和情感互动时，

① 习近平：《决胜全面建成小康社会 夺取新时代中国特色社会主义伟大胜利——在中国共产党第十九次全国代表大会上的报告》，人民出版社，2017，第9页。

友善可以化解矛盾和缓解冲突。最后，友善是现代公民道德和德性得以延伸的起点。友善思想作为一个重要的时代课题，从其价值取向看，是为了追求最终的和谐发展。新时代中国社会思想道德建设离不开传统，友善思想作为维系人际交往的道德纽带和维护社会和谐的伦理基础，对破解当前社会道德建设中出现的矛盾和难题具有重要的"承接作用"。

综上所述，友善作为社会主义本质在人际关系上的必然要求，与人民根本利益的一致性。作为"个人之德"的友善是凝聚社会成员的纽带，也是建立和谐社会关系的价值基础，彰显了当代中国倡导人与人、人与社会、人与自然和谐共生的关系基调，同时也体现了对公共价值理性的向往，为人们实现价值共识和思想引领提供重要精神支撑。

第二节　大学生友善价值观引导的内涵阐释

大学生友善价值观引导作为一项系统工程，首先要清晰界定"何为大学生友善价值观""何为大学生友善价值观引导"等基础理念。本节所要探讨的大学生友善价值观内涵、特征和功能等，为后续研究提供学理支撑和研究范式。

一、大学生友善价值观引导的内涵

作为确保研究顺利展开的前提条件，应当对友善价值观内涵进行科学界定。对概念内涵进行追根溯源，能够为本研究的学理性、科学性和时代性提供重要理论基础。

在社会转型时期，道德生活领域发生激荡与错位现象时有发生，这对部分大学生的价值观念、理想信念、精神状态也带来了不少负面影响，如何引导大学生正确看待思想道德领域存在的问题，已然成为一个重要的时代命题。作为培育和践行社会主义核心价值观的重要组成部分，友善价值观引导所指向的并不是对"友善价值观"和"引导"两个概念的简单叠加，而是对其理论属性和本质特征的具体梳理和揭示。友善价值观引导最终的目标，是帮助大学生"在自己所处的时代条件下谋划人生、创造历史"。[①] 这就需要在尊重大学生成长成才规律的基础上，为大学生确立引导目标和方向，以期达到对大学生的教育实践活动进行潜移默化

---

① 习近平:《习近平谈治国理政》第 1 卷，外文出版社，2018，第 167 页。

的影响。应当强调的是，这种"价值观引导"是按照培育和践行价值观的社会目标和要求进行的，通过一定主体对引导对象进行有计划、有目的和有组织的实践活动。与此同时，在大学生友善价值观引导过程中，必然要通过一定的载体和机制来规约引导成效的顺利实施，进而践行于生活之中、行动之中。

通过对大学生友善价值观引导的系统研究，能够帮助大学生正确看待社会生活中的是非善恶现象，引导他们在坚定理想信念和树立价值取向的同时，使他们"在实现中国梦的生动实践中放飞青春梦想，在为人民利益的不懈奋斗中书写人生华章"。[①] 可以说，这一追求过程也是大学生友善价值观引导过程的最终目的和任务。为此，需要在借助相关载体和机制来提升引导实效性的前提下，引导者在引导实践中针对大学生群体的成长特点和时代要求选择合适的引导路径，提升友善价值观引导的话语权和影响力。因此，本文所指的大学生友善价值观引导的内涵，是指针对大学生群体所开展的有目的、有组织、有计划的引导教育，以期为大学生价值观教育提供参考和借鉴。

二、大学生友善价值观引导的特征

友善价值观作为人际交往过程中的一种形态，其"价值的体现必然表现出因'主体而异'的'向主体性'的鲜明特征"，[②] 是大学生在精神和现实层面友善行为的评价标准。大学生作为友善价值观的践行主体，其主体目标具有多元化和实效性的特征，这是开展友善价值观引导活动的

---

① 习近平:《决胜全面建成小康社会 夺取新时代中国特色社会主义伟大胜利——在中国共产党第十九次全国代表大会上的报告》，人民出版社，2017，第 70 页。

② 李德顺:《价值论——一种主体性的研究》，中国人民大学出版社，2013，第 57 页。

重要参考依据。根据大学生的时代特征和成长规律，大学生友善价值观的特征主要可以从内容、实践和方式三个维度予以理解。

（一）**在内容上，大学生友善价值观引导是时代性和动态性的统一**

从具体的时代特点出发，友善价值观引导需要以马克思主义思想为指导，这就决定了大学生友善价值观引导具有科学性特征。这一特征不仅要使大学生友善价值观引导符合时代发展规律，同时也要适应新时代思想道德建设新的更高要求。可以说，要实现友善价值观思想内涵与时代精神的紧密结合，就需要在大学生友善价值观引导过程中，一是要在引导载体和路径的选择上紧跟时代步伐和发展趋势，做到与时俱进；二是要将培养时代新人作为友善价值观引导的最终目标，将友善价值观引导内容与大学生精神面貌相结合，彰显友善价值观的时代蕴意；三是要充分把握大学生友善价值观塑造的时代背景，根据当前大学生对友善价值观知行的实际现状，有针对性地开展符合时代要求的教育实践活动。

友善价值观作为一种基于社会客观存在而形成的价值理念，与社会现实状况的发展变化有着十分紧密的联系。大学生正处于人生成长的关键时期，其思想状况和价值观念呈现出动态性特征，这就需要根据实际情况的变化发展对大学生进行友善价值观引导。友善价值观引导的动态性特征包含引导与被引导之间双向互动的过程，在引导过程中着眼于对载体、机制、目标和路径的建构，在有效继承前人研究成果和优秀文化思想的基础上，将变化发展的实际情况与时代要求紧密结合，帮助大学生树立正确的世界观、人生观和价值观，在日常生活中坚定理想信念和政治立场，在动态发展中培养担当民族复兴大任的时代新人。

（二）**在实践上，大学生友善价值观引导是现实性和理想性的统一**

友善价值观引导作为现实性和理想性的统一，其形式上的层次性既包括价值目标，也包含价值诉求，二者都是建立在客观现实基础之上的社会交往规范之中。这就要求我们在开展实际工作过程中，科学制定引导路径和选择有效载体，纠正大学生在友善行为知行中存在的偏差，优化友善价值观引导系统化和规范化。作为开展新时代高校思想政治工作的一个重要方式，大学生友善价值观引导的内容体系需要立足于现实的需要，充分体现时代发展和大学生成长成才的需求，有效解决大学生在友善价值观领域存在的问题。深厚的实践根基和广泛的现实基础，为大学生友善价值观引导路径创造了坚实的条件，有利于根据具体问题开展思想引导工作，把美好生活的人际交往理想不断变为现实。

"党和国家事业要发展，青年首先要发展"，[①] 这就需要以强大的精神行动力来予以支撑。因此，如何通过提升大学生的知识水平和道德素养，强化大学生的使命担当和责任意识具有重要意义。在现实生活中，不同群体对友善价值观的认知存在着较大的差异，同时在践行过程中也呈现出两个极端，如道德冷漠只守底线，或追求高尚境界而忽视现实关照，其结果就是容易为友善贴上"标签"，忽视了友善价值观的真正初衷。大学生正处于价值观形成的关键时期，面对利益分化和价值多元等现实因素的影响，部分大学生自我意志不坚定和辨别意识不强，对友善价值观引导带来了不利的影响。为此，要使友善价值观内化于大学生的自觉追求，外化于大学生的实际行动，就需要从当前我国社会发展的现实性要求出发，注重友善价值观在形式上的层次性要求，在尊重大学生利益诉求和成长实际中，认可友善价值观的价值诉求。通过理性认知、情感共鸣，使大学生在现实生活中真实感受到友善价值观的感召魅力，实现大学生道德素养的提升与知行融合，推进崇德向善理想性追求氛围的形成。

---

① 《中共中央国务院印发〈中长期青年发展规划（2016—2025 年）〉》，《人民日报》2017 年 4 月 14 日，第 1 版。

（三）在方式上，大学生友善价值观引导是针对性和渗透性的统一

新的历史条件下，引领大学生成长成才必须突出价值观的重要作用。由于当代大学生个性化倾向愈发明显，他们渴望通过表现自我来引起他人和社会的关注，所以要针对大学生所关注的热点和焦点问题进行及时引导，同时尊重大学生在践行友善价值观的主体地位。根据当代大学生主体性增强的现状，应当在主体教育和内容创新方面予以具体分析。一方面，友善价值观引导主体是在校大学生，这就需要根据大学生的实际特点和价值诉求，来选择具体方式进行及时的教育引导，帮助他们转变观念和增强价值认同。另一方面，可以从强化引导内容的针对性为切入点。面对大学生在每个阶段遇到的价值困惑和思想问题，应当找准其共同性和差异性，并且根据实际情况进行针对性的思想引导。

作为大学生友善价值观引导的重要前提，要提升大学生对友善价值观的认知认同，应着力从渗透性上下功夫。所谓渗透性是指通过潜移默化的方式来引导大学生对友善价值观的内化认同，作为"常常伴随着文化自身的影响而潜滋暗长"[①]的友善价值观，其更多强调的是"润物无声"的引导成效，同时将友善价值观精神要义融入大学生日常生活的方方面面，增强大学生对友善价值观的价值认知和情感认同。

三、大学生友善价值观引导的功能

"功能"一词最初应用于物理学领域，随着社会的发展不断延伸至社会学、价值哲学和教育学等领域，本文所指的功能是指事物或方法所发挥的有利作用、效果。大学生友善价值观功能是指友善价值观引导所需

---

① 毕红梅、张耀灿：《关注交往：思想政治教育的视角转换》，《马克思主义与现实》2008 年第 6 期。

的各种要素，对大学生及其所处的社会环境之间的相互关系，产生的相应作用或影响，可以从社会功能和个体功能两个层面来加以理解。

（一）大学生友善价值观的社会功能

友善价值观引导作为价值化活动的一种重要方式，正确的价值观引导能够对社会发展起到促进作用，能够使大学生在生活交往中达到规律性和目的性的统一。友善价值观引导作为一种社会行为，引导得当将会对人与人、人与社会、人与自然之间的友善共处带来积极影响。因此，可以从其所特有的政治功能、经济功能和文化功能等几个方面加以诠释。

1. 大学生友善价值观的政治功能

从友善行为发生、培育和价值指向来看，都是要建立在公共性的视域之中。大学生友善价值观引导所产生的社会政治效应，对大学生在公共生活中理性思维方式养成具有重要的导向作用。在友善价值观引导过程中所采取的新方法、新载体和新途径，能够满足大学生感知世界、了解社会和拓宽视野的需求。这些成效与思想政治教育公共化趋势同步并肩，其出发点和落脚点是"以社会主义公共人为培养目标的新型思想政治教育"，[①] 锻造积极的公民个体和良性的公共生活来实现友善的价值旨趣。政治引导作为大学生友善价值观引导的重要前提，对提升大学生的政治定力、价值信仰以及培养合格的社会主义建设接班人具有重要的保障，这与思想政治教育本质要求和价值立场是一致的。在大学生友善价值观引导过程中增强政治功能，能够有效地应对各类错误思潮和价值观念的干扰，帮助大学生形成对主流价值理念的拥护与支持，确保友善价值观能够在坚定的正确方向中得以传播，促进社会政治环境的稳定和发

---

① 戴锐:《思想政治教育的公共化转型》,《马克思主义与现实》2013 年第 1 期。

展。作为大学生友善价值观引导的核心功能，政治功能其最终落脚点是为了维护友善价值观在社会主义社会中的正当性和权威性，为社会交往提供良序运行模式和价值理念。

2. 大学生友善价值观的经济功能

经济功能的产生，有助于满足个人美好生活实现的物质需求，并具有指导人们对自我行为正向认知的功能。在社会主义市场经济条件下，友善是"经济合作、良性竞争和协调关系的助推器，是每个社会成员从事经济活动都应遵循的价值取向和行为规范"。[①] 通过科学引导能够使大学生树立正确的善恶观念，在此基础上形成良好的社会心态，使友善价值观的经济功能与社会系统环境相契合，在互动中促进经济功能的生成。友善价值观经济功能，对大学生形成团结协作的良性氛围和增强综合素质具有重要的导向作用。当大学生的交往行为和价值理念与社会发展趋势相适应时，就能为经济建设和社会发展提供精神动力和智力支持。与此同时，在友善价值观引导过程中，发挥本真所蕴含的利益张力，能够帮助大学生正确看待改革开放以来思想道德领域所取得成就，切实增强大学生在人际交往过程中的幸福感和获得感。在形成价值合力和凝心聚力的基础上，使大学生在互利共赢的经济合作和良性竞争中，在参与经济社会建设中具备友善素质，确保社会主义市场经济高效有序运行。可以说，大学生友善价值观引导的经济功能是在经济社会发展的总体环境中。将价值引领和经济建设融入新时代中国特色社会主义伟大实践的历史进程中，在推动经济社会发展的同时，为友善价值观的培育与践行提供物质保障。

---

① 程恩富、侯为民：《从经济学角度认识社会主义核心价值观》，《人民日报》2014年10月30日，第7版。

3. 大学生友善价值观的文化功能

习近平总书记指出："核心价值观是文化软实力的灵魂。"[①]这是有效整合社会意识，维系社会秩序稳定的重要途径。要使友善价值观的文化引领作用朝着正确健康的方向发展，就需要通过一定的文化载体将其融入思想文化建设中，在推动价值认同和达成思想共识的基础上，形成友善价值观引导的社会文化效应。大学生友善价值观文化功能的发挥与校园文化氛围的营造密切相关，通过在大学生群体中宣传友善价值观的同时，将其所蕴含的人文精神和价值理念传递给他们，增强他们对友善价值观的归属感和认同感。通过营造崇德向善的校园行为文化，引领和整合多元化价值取向和多样化社会思潮，使友善价值观与校园文化建设产生良性互动效应。当前对大学生开展友善价值观引导，应当与日常生活和交往实践相结合，在提升大学生科学文化素质和思想道德素养的基础上，重视培育公民精神和推动家庭文化的创新，使友善价值观潜移默化影响家庭其他成员的文化观念。大学生友善价值观引导的文化功能，能够在日常思想政治教育过程中，充分发挥"文化内涵的思想政治教育资源，并赋予其新的时代内容，引导人们树立正确的价值观，进而在全社会形成符合社会主义现代化要求的大体一致的价值观"。[②]作为大学生友善价值观文化引领的目标指向，这就需要我们立足现实需要，增强文化载体的价值引导功能，最大限度地形成全社会思想共识，在增强大学生对友善文化价值功能认同的同时，引导大学生从内心真正认同社会主义文化建设的主流价值理念，巩固友善价值观引导的社会文化基础。

（二）大学生友善价值观的个体功能

大学生友善价值观的个体功能是指通过科学有效的引导载体和路径，

---

① 习近平:《习近平谈治国理政》第 1 卷，外文出版社，2018，第 163 页。

② 陈万柏:《论思想政治教育文化载体的特征和功能》，《求索》2005 年第 5 期。

从思想、心理和道德等多个层面满足大学生全面发展的需求。为此，可以从满足个体情感需求、道德伦理品质和端正政治伦理三个方面来予以理解。

1. 满足大学生对友善价值观个体情感需求的功能

在新的时代背景下，如何根据大学生的个体情感需求和成长成才规律，创新大学生友善价值观引导的工作思路，成为巩固大学生的道德认同和提升人际交往能力的重要基石。马克思曾对个体的情感作用有过清晰的表达，他将人作为对象性和感性的存在，认为"激情、热情是人强烈追求自己的对象的本质力量"。① 可以说，做好新时代大学生友善价值观引导工作，应当在把握大学生个体情感需求等现实样态的基础上，尽可能解决大学生在人际交往过程中可能出现的各种问题，以此来增强大学生在人际交往的"获得感"。这就要求做好友善价值观引导工作的同时，需要对大学生所关切的利益诉求和情感波动进行及时引导，促进大学生良好社会心态和健康生活态度的形成。同时，我们应当看到的是，大学生对个体情感需求并不会自发形成，而应根据大学生所处的时代背景和社会环境等方面出发来进行引导。针对当前大学生群体对友善价值观认知存在的问题，可以通过鼓励大学生通过正当渠道和途径来对自身情感认知进行合理的表达，在健全身心发展和完善自我人格的基础上，充分发挥友善价值观在大学生个体情感需求的积极作用，促进大学生"智育"和"德育"的均衡发展。

2. 提升友善价值观对大学生道德品质的养成作用

随着时代的发展和社会的进步，大学生人际交往方式呈现出了新的特点，存在交往内容多样化和交往方式个性化等现象，这对大学生心理、

---

① 中共中央马克思恩格斯列宁斯大林著作编译局编译：《马克思恩格斯文集》第1卷，人民出版社，2009，第21页。

道德、思想观念的发展均有重要影响。面对大学生个体差异化的交往需求，如何用友善价值观引导他们在人际交往中的精神需求，已然成为"个体意识形态和个人把握世界的特殊方式"。① 作为新时代高校思想政治工作的一个重要内容，大学生友善价值观接受和认同现状，为落实高校立德树人根本任务提供了有效的实践路径。做好大学生友善价值观引导工作，不仅要激发大学生在人际交往中的主体性和积极性，而且要为社会发展提供精神动力和智力支持，最终促进大学生将个人价值与社会价值融入实现中国梦的伟大实践中。关注大学生在日常生活中的人际交往诉求，引导大学生养成良好的道德伦理品质，将友善价值观内化为他们的自觉行动，成为友善价值观的积极践行者，成为实现中华优秀传统文化现代化转型的主力军。在开展大学生友善价值观引导的过程中，应当重视个体功能，在尊重大学生个性和自我成长的前提下，秉持针对性、差异性和层次性等理念对大学生友善价值观进行有效引导。同时，将其摆在思想政治教育的突出位置，根据时代发展和要求及时调整教育目标和内容，通过教育引导、实践养成和制度保障等举措，把友善价值观融入社会发展的各方面，充分发挥友善价值观在大学生道德伦理品质养成的个体功能。

3. 引导大学生正确认知友善伦理价值

面对当前千变万化的复杂环境，要正视大学生行为实践中的诱发因素，高校思想政治工作者应转变观念态度，帮助大学生在不断更新知识和改正行为方式的同时，引导他们正确认知友善价值观的伦理价值。就友善价值观引导的社会层面而言，主要是引导大学生正确认知主流价值理念；对于个体而言，友善价值观有助于大学生端正正确的政治伦理认

---

① 苏振芳:《道德教育论》，社会科学文献出版社，2006，第 223 页。

知。在社会思想意识多样分化与主流价值理念一元主导之间产生冲突碰撞时，错误的社会思潮和多元文化会影响大学生对政治伦理价值的认知。因此，个体在文化价值的需求和利益满足方式的差异性，使得大学生对主流价值理念的认同呈现出群体差异性，这对友善价值观引导的个体功能的发挥也带来了不少难题。因此，发挥友善价值观在引导大学生认知友善伦理价值显得格外重要。要用友善价值观引导大学生坚定理想信念，使其成为他们自我成长和实现自我价值的强大精神动力。作为中国当代精神的集中体现和社会发展的价值共识，需要不断提升大学生在人际交往中，引导形成对友善价值观的内在认知和外在践行能力，以更加饱满的热情、更加坚定的信念和更加自信的心态引领时代发展，勇做时代的弄潮儿。

第三节 大学生友善价值观引导的时代解读

新时代大学生友善价值观引导的时代解读，其根本任务是深入分析友善价值观的理念真谛，在理论和实践层面厘清友善价值观引导的时代价值、目标价值、实现价值，以及在此基础上科学回答当代大学生应该以什么样的姿态进入新时代。面对新时代、新使命、新要求，党的十九大为友善价值观引导提供了重要的价值遵循，必须紧紧围绕"培养时代新人"这一关键和核心，揭示友善价值观引导的理论旨趣、价值原则和选择标准，从而在思想、观念和行动上真正把握新时代大学生友善价值观引导的价值逻辑。具体而言，友善价值观引导的价值逻辑，就是要从学理层面真正把握和遵循"培养什么人"这一首要问题，促进大学生"思想道德素质和科学文化素质全面提升"。①

一、大学生友善价值观引导的时代背景

党的十九大以其独特的价值视角，在聚焦中国发展的同时，对培育和践行社会主义核心价值观做出了战略部署并提出了具体要求。这一战略意旨在于通过展现当代中国精神来凝聚价值共识，进而为全面建成社会主义现代化强国指明了方向。高校肩负着培养时代新人的重大使命，应当在沿承"立德树人"根本任务的基础上，持续深化和实践探索友善

---

① 《习近平在全国教育大会上强调：坚持中国特色社会主义教育发展道路，培养德智体美劳全面发展的社会主义建设者和接班人》，《人民日报》2018 年 9 月 11 日，第1 版。

价值观引导的时代进路，对增强大学生友善价值观的情感认同和行为习惯至关重要。

（一）落实"立德树人"任务的战略举措

大学生友善价值观引导是一个具有重大理论和现实意义的内容命题，在新时代的历史方位中，成为落实"立德树人"根本任务的价值逻辑，要在新的实践方略中找到解决问题的答案，为中国特色社会主义提供源源不断的精神动力和道德滋养。要把"立德树人"融入思想道德教育，作为推进新时代高校人才培养的中心环节来予以重视。这里所指的"立德"即树立美德，就是要树立符合国家建设和社会发展要求的个人品德，"树人"即培养人才，就是要培养高素质的社会主义事业建设者和接班人。友善作为中华传统美德和人际交往的基础性元素，其引导成效的好坏，对新时代高校要"立什么样的德、树什么样的人、育什么样的才"等核心问题影响至关重要。然而，当前大学生群体中存在认知模糊、知行不一等现实情况，对"立德树人"根本任务的时代推进产生了不利影响。这就需要在判明"立德树人"与友善价值观引导的认识定位时，做好二者的顶层设计和导航定向的"价值定律"。在"立德树人"宏观层面导航定向的同时，需要做好友善价值观引导的顶层设计工作。一方面，"立德树人"的关键是文化熏陶，将其作为检验学校一切工作的根本标准，才能真正做到以文化人、以德育人；另一方面，友善价值观作为我国思想文化建设中的一个重要理论创新，如何充分挖掘中华传统美德和现代道德规范中的友善"元素"，使大学生能够自觉认同和接受友善价值理念，对"立德树人"根本任务的完成起着不可替代的基础作用。因此，站在新的历史征程上，新时代大学生友善价值观引导要与时俱进，要将落实"立德树人"根本任务作为检验学校工作成效的价值遵循。

（二）推动思想政治教育创新的重要路径

友善价值观引导是新时代高校思想政治教育的重要组成部分，增强大学生友善价值观的认同感是推动高校思想政治教育创新发展的要求。推动新时代高校思想政治教育与友善价值观引导的融合创新，其基本价值要求可以从两个维度展开。一是从思想政治教育创新维度来看，改革开放四十多年来，我国思想政治教育领域主动适应时代和实践发展新变化，在推进理念思路、内容形式、体制机制、方法手段创新的同时，有机融合了"宽容""助人""谦让""自律"等友善价值元素，有利增强了思想政治教育价值动力。因此，强化二者的同体发展、同向前行，准确把握新时代大学生思想道德教育领域存在的薄弱环节，以更深邃的战略眼光推进思想政治教育的实践创新。二是从友善价值观引导的基本要求来看，要坚持问题导向来推进思想政治教育的路径创新。做好大学生友善价值观引导，就要将友善价值观的最新理论成果和实践经验，以大学生喜闻乐见的方式融入他们的日常生活中，指导他们的思想认知和价值践行。党的十九大首次明确了"培养担当民族复兴大任的时代新人"的战略目标定位，全面涵盖了以往思想政治教育创新中强调的价值要素，这将会进一步促进大学生对友善价值观的认知水平、践行意识和道德品质，提高全社会文明程度。据此，高校根据培养时代新人所需要的价值目标，将友善价值观融入大学生日常思想政治教育的全过程，因地制宜地探索友善价值观引导的实践路径，在引领社会思潮和凝聚社会共识的同时，为推动思想政治教育创新发展营造良好氛围。

（三）培育和践行社会主义核心价值体系的内在要求

在积极化解大学生成长成才所面临的问题之前，高校需要对当前如何发挥友善价值观引领作用形成客观全面的理性认识。第一，社会发展与价值引领之间具有内在关联性，新时代社会主要矛盾变化对高校坚守意识形态阵地带来了新的要求，这种新要求并不是对以往高校思想道德建设的否定，恰恰相反，是对新时代大学生对精神世界交往需求的现实回应，高校要在友善价值观引导的历史过程中，满足大学生人际交往的精神文化需要和现实价值诉求。第二，解决新时代大学生友善价值观引导中存在的不平衡不充分问题，根本在于要弘扬友善价值观的时代内涵和价值导向，针对大学生思想道德领域存在的突出问题，要以不平衡的发展策略解决不平衡的发展问题，为实现大学生在人际交往中的充分发展提供精神动力和智力支持。第三，自觉回应大学生对美好生活需要，实现他们的全面发展是新时代友善价值观引导的重要使命。面对新时代大学生人际交往需求和利益的多样化态势，发挥友善价值观在日常生活中的感召力和生命力，对强化高校阵地意识和使命担当具有重要的价值引领作用。毫无疑问，回应和满足大学生精神生活诉求、落实价值引领的实现路径、促进思想道德领域不平衡不充分发展是高等学校的"分内之事"。高校应当自觉肩负起塑造新人的时代重任，通过教育引导、实践养成、制度保障等新举措，让友善价值观在大学生群体中入耳、入脑、入心，成为他们自觉的行动追求和价值准则。可见，进一步延伸友善价值观引导的实现路径，是化解新时代大学生精神文化需求矛盾的现实要求，也是做好新时代大学生友善价值观引导的基本价值目标。

（四）建设文化强国和提高综合国力的必然选择

经济全球化、政治多极化、文化多样化以及社会信息化等时代特点一直动态地塑造和影响着人类社会发展，各国之间的往来更多注重综合国力的竞争与较量，文化价值观逐渐成为其间的关键因素。十九大报告规划了建设文化强国的宏伟蓝图，并从"质"和"量"两个维度对高校"以文化人""以文育人"提出了更高的要求。可以说，将友善价值观所蕴含的文化价值理念通过付诸情感、理性和信仰的方式予以行动，形成符合时代特色的友善价值观引导思路。在此背景下，坚持中国特色社会主义文化发展道路、营造新时代中国思想道德建设新格局是当前高校思想道德教育的题中应有之义。新时代高校思想政治工作格局的形成，要在行动主体多元化和行动机制协同化等理念影响下，用友善价值观引领大学生成长成才，增强大学生对建设文化强国的价值观自信。在实践层面，建设文化强国需要培养大学生高度的文化认同感。友善作为中华优秀传统文化和核心价值观的重要内容，其引导成效的好坏对国家凝聚力形成和民族性格养成发挥着重要的作用。一般而言，大学生友善价值观引导包含理念、能力和行为三个层面上的具体践行。其中理念层面上的"友善"是指高校以培养人才为主线，将友善的价值内涵融入文化强国建设之中，使文化强国建设和友善价值观引导理念融合发展，为建设文化强国提供源源不断的人才支撑；能力层面上的"友善"指的是高校具备建设文化强国战略的行动能力，并在此过程中，通过统筹整合各方资源、优化人才培养模式和优化创新引导机制等环节，增强新时代大学生友善价值观引导的现实价值目标；行为层面上的"友善"则指的是高校在做好大学生友善价值观引导过程中，要秉持"以生为本"的理念，高效解决大学生人际交往所关注的价值需求和行为诉求，提升建设文化强国战略的价值动力。

二、大学生友善价值观引导的价值维度

思考新时代大学生友善价值观引导的重要理据，离不开对其现实发展态势的深刻把握。从微观层面而言，大学生友善价值观引导成效的好坏关系到大学生个体的健康成长；从宏观层面来看，关乎社会未来发展和国家民族的前途。党的十九大对我国所处的历史方位和目标前景作了

科学阐释，对青年大学生群体在新时代所应发挥的作用做了新的诠释。因此，回答和解决好当前大学生友善价值观引导的现实逻辑，使之与现代社会相协调，是一个重大的理论和实践命题。

（一）关乎大学生个体的身心健康成长

当代大学生是伴随着改革开放这一伟大时代成长起来的优秀群体，成长的社会环境和文化背景的独特性，使他们的价值理念呈现出开放性、多样性、矛盾性、实用性和理性化等特点。与前几代人相比，多元化的价值取向和日渐增强的主体意识，使他们成为长辈眼中的"新新人类"，其价值取向的"转变"主要体现在以下五个方面：一是由依赖性向独立性、创造性、主动性转变。大学生的主体意识、创造性和能动性不断增强，在自我认知评价中追求把握和实现自我，从而建构起个体特有的价值观。二是友善交往理念的作用对象呈现"人己有别"的特点。大学生对友善价值观知行因对象的不同，在表现程度上呈现出"内外相分"的特征。由于缺乏激发大学生践行友善价值观的内在情感动力，使得他们对友善行为的认知和判断，受限于外界评价和关系亲疏等。三是部分大学生对友善价值观认知偏差现象依然存在。一些大学生在进行友善行为选择时，由于他们对友善价值观的认知狭隘，使他们在人际交往中面对"义""利"选择时缺乏理性取舍，致使友善情感意志力和公众面向不能得以彰显。四是大学生对友善价值观的情感认同仍存在"知易行难"现象。当前大学生友善价值观引导仍停留在道德层面的认知，缺乏对社会层面认知和实践引导等问题依然存在，这也就导致了实践环境与理论知识难以形成最大的"价值阈值"，使得大学生对友善的行为认知与行为选择之间缺乏情境性，影响友善价值观引导的实际成效。由于大学生在个体心理和精神两个方面仍存在脆弱的一面，在现实生活中更多表现为与社会的不适应性，这种不适应性引导不好就会给大学生带来烦恼情绪，还会对大学生的行为处事带来不利影响。因此,从大学生个体身心健康发展的角度而言,用友善价值观引领大学生的现实生活,引导他们正确看待当前思想道德领域的热点难点问题,促进大学生个体身心健康成长。

(二) 事关国家民族事业的发展方向

友善价值观的提出,是在道德生态模式探寻过程中的一个重大创新,作为"制度化的思想体系"和"观念形态的国家机器",是一种"占主导地位的价值观念体系和行为规范体系",①做好友善价值观引导工作对坚定国家民族的发展方向至关重要。在实践中,受制于年龄地域、专业类别、思维惯性和体制机制的影响,大学生对友善价值观的情感认同和现实践行会滞后于社会全面进步的需要。一旦大学生在道德情感层面对友善价值观缺乏回应意愿,那么此时来自外界的舆论反应将会成为国家民族事业发展的阻力。新时代大学生友善价值观引导耦合了我国经济社会发展对人才培养的道德需求,为保证大学生的全面发展和推进社会的全面进步同向而行发挥着重要的价值引领作用。整体观之,新时代大学生友善价值观引导,在做好顶层设计的同时,也要坚持问题导向和方向引领的有机统一,使其能够服务于国家民族事业的发展需要。首先,做好新时代大学生友善价值观引导需要鲜明的问题意识。面对思想道德建设领域存在的诸多问题,如任其自由发展和传播,势必对大学生个体的行为模式、思维模式和情感模式的养成带来了不利影响。作为国家民族发展事业的建设者和接班人,高校必须在新时代友善价值观引导实践中,主动承担起培养时代新人的重任,满足大学生的成长成才需要。其次,新时代大学生友善价值观引导有赖于系统化的目标牵引。加强大学生友善价值观引导,应当将其放在"新时代"的具体语境中予以看待,在具体的

① 陈秉公:《马克思主义意识形态理论与社会主义核心价值体系建构》,《马克思主义研究》2008 年第 3 期。

战略部署中找准大学生的角色定位，通过友善价值观的系统化建构和时代化引领，以此来适应我国家民族事业的发展情势。从本质上说，大学生友善价值观引导的主要功能在于国家意识认同，其在引导内容方向上的外延和放大，要在满足国家民族发展方向的前提下才能彰显其最大价值成效。

（三）完善社会主义道德信仰体系的应然之举

"中国语境"下的思想道德建设，要正视新时代完善社会主义道德信仰体系的特殊情势，建构符合中国国情并行之有效的引导范式。道德作为社会经济基础和社会生活的反映，在社会变迁和时代发展的历史进程中，道德中对善的终极价值追求并没有改变，这为人们的道德生活提供一种道德价值坐标体系。作为道德体系对理想目标和人格境界的追求，向善是根本的，能够为社会群体在人际交往中的行为选择提供强大精神支撑。同时，在建构道德信仰体系的过程中，需要时刻注意控制其向恶的一面，做到明大德、守公德、严私德。选择当代大学生作为友善价值观引导的主要研究对象，旨在阐释友善道德信仰对塑造大学生理想人格等方面的影响，其理论和现实的价值意义在于端正大学生"仁爱和合"的人生态度，强化友善价值观对思想道德领域的凝聚功能。在完善社会主义道德信仰体系的同时，推动大学生牢固树立中国特色社会主义道德信仰观念，营造全社会崇德向善的浓厚氛围。如何从理论和实践上做好大学生友善价值观引导，一是要在价值理性层面深刻认识到完善社会道德信仰体系的特殊使命，从国家战略高度和现实道德情境中，探索符合友善价值观精神要求的实践方案。二是要提升大学生友善价值观引导与思想道德建设之间的有机融合，探索完善社会主义道德信仰体系的中国路径和中国方式。可以说，无论是为了解决大学生人际交往问题，还是完善社会主义思想道德体系，都需要将友善价值观引导与道德信仰建构密切相连，通过系统的价值建构和实际践行，使友善价值观成为大学生的行动自觉，在此基础上形成对社会主义道德体系认识的高度统一，有效保证国家发展战略的协同推进。

三、大学生友善价值观引导的目标定位

面对大学生友善价值观引导目标定位这个新课题，如何从理论和现实两个维度给予解答和论证，是做好大学生友善价值观引导所要面临的首要问题。从理论上看，目标能够为个性行为选择提供科学方法，并为个体行为和价值追求指明方向，在大学生友善价值观引导的系统构成要素中起到导向作用。就现实来看，大学生友善价值观引导作为一项实践活动体系，具有多样性和层次性的特征。为此，如何根据社会发展要求和人才培养需求，通过行之有效的引导方式，将友善价值观所蕴含的思想观念、价值要求和道德规范等信息传递给大学生，最终为实现民族复兴的宏伟目标培养合格人才。建构科学合理的目标定位是做好大学生友善价值观引导的起点和归宿，在友善价值观引导过程中起着导向、激励、调控作用，是增强友善价值观引导针对性和有效性的关键所在。

（一）情感目标：培育友善情感

在现实生活和人际交往的"价值生态场"中，原子化的个体让合作局限于事务范围内，而人与人之间的社会关系、相互交往和信任往来发生了重大变化。面对"一元"与"多元"、"多变"与"不变"、"多样"与"主导"的"价值生态场"，如何从实践和精神层面明晰友善价值观引导的目标定位，是培育时代新人战略任务的现实呼唤。可以说，作为时代新人培育的重要群体，新时代大学生友善价值观引导的首要目标，应结合社会发展和时代需要，从实践和精神层面培育他们对友善情感的认

同，自觉转化为他们的自觉行动。首先，友善情感的培育并不是脱离实际的价值"悬设"，而是在专注目标定位的基础上，面向大学生群体所进行的友善价值情感的认同教育。作为人际交往的重要因素，培育大学生对友善价值观的情感认同，能够引导大学生正确看待人际交往"价值迷失"和"友善缺失"等价值困惑，对大学生个体的道德内化起着至关重要的作用。其次，友善情感的培育，离不开家庭、学校和社会的共同努力。作为友善价值观引导的重要目标之一，就是要呼吁全社会认同与践行友善价值观所蕴含的道德观念和道德情感，引导大学生在人际交往中形成正向的道德评价和情感认同，从而与友善价值观引导的目标定位相契合，最终促进人的实践活动和社会发展的协调发展。再次，友善价值观作为人际交往在思想和精神层面的质的规定性，其价值情感的培育与"人的全面发展"学说具有内在契合性。作为人际交往的最终目标指向，需要将友善情感培育基础性地位与实现大学生全面发展的最高道德目标相结合，充分激发他们内心的友善价值情感，在提升道德认知水平的同时，内化他们的行动自觉，使其成为凝聚社会共识的重要精神力量。因此，提升大学生对友善情感的认同，是明确新时代大学生友善价值观引导的基础目标，要根据社会发展和道德价值观的变化，增强大学生对友善情感的价值认同，重视和整合家庭、学校和社会的道德资源，为大学生友善情感培育提供助力。

（二）观念目标：强化价值践行

在大学生践行友善价值观的过程中，树立正确清晰的观念目标，能够引导大学生正确认知友善价值观的理念、要求和指向，进而影响大学生人际交往中的思想和行为选择。可以说，形成正确的"善恶观念"是大学生友善价值观引导的关键，做好新时代大学生友善价值观引导工作，必须明确观念目标这一基础性教育作用，即通过马克思主义善恶思想来科学阐释友善价值观，为大学生践行友善价值观的目标层次提出科学的方向指引。习近平总书记指出："培育和践行社会主义核心价值观，贵在坚持知行合一，在落细、落小、落实上下功夫。"[①] 为此，强化价值践行的观念目标，可以通过以下三个方面付诸实践：一是把握友善价值观的伦理向度，引导大学生认同集体主体价值取向，形成整体观念的同时，强化知行合一的道德实践。就大学生个体而言，引导大学生审慎看待社会交往过程中的友善诉求，使大学生践行友善价值观的动机、手段、效果成为他们人际交往的行为准则，提升他们的社会责任意识。二是要重视友善价值观引导中的制度观念。要使友善价值观成为维系公共生活的重要纽带，就要引导大学生从制度层面对社会道德问题进行理性思考，合理健康的制度观念能够为大学生践行友善价值观提供重要保障。三是强化知行合一的实践观念。友善价值观的生命力在于实践，要将其融入大学生的日常行为习惯中，在遵循大学生思想认知规律的基础上，帮助大学生在社会交往实践中树立正确善恶观念，最终促进友善价值观从理念培育、情感认同向价值实践的转向。

（三）行为目标：坚定道德信仰

引导大学生参与到新时代思想道德建设的实践进程中，鼓励和激发他们用友善价值观正确看待思想道德领域的热点问题，坚定社会主义道德信仰，这是新时代大学生友善价值观引导的行为目标。当代大学生都会关注社会道德事件，在关注社会事件的同时也引发了大学生对人际交往中理性平和心态重要性的思考。道德信仰是建立在大学生对友善价值观情感认同和价值践行的基础上，从而实现大学生在道德生活和人际交往中的自我超越。在培育时代新人的现实语境下，大学生友善价值观引

① 《习近平在上海考察时强调：当好全国改革开放排头兵，不断提高城市核心竞争力》，《人民日报》2014 年 5 月 25 日，第 1 版。

导的最终目标是使大学生在长期自觉的道德实践中，使友善价值观成为他们的精神信念支柱，最终帮助大学生坚定社会主义道德信仰。习近平总书记将理想信念生动的比喻为精神之"钙"，并对大学生成长成才寄予厚望，他鼓励广大青年大学生要树立与这个时代主题同心同向的理想信念。[①] 基于此，友善价值观能够为大学生如何做一个有道德的人提供精神保障，并在他们的价值践行中感受人生意义。培育大学生友善情感和践行意愿，重塑大学生的道德理想，帮助大学生自觉树立社会主义道德信仰。作为新时代友善价值观引导的最终目标定位，道德信仰的维系对于新时代高校"立德树人"战略任务的实现，具有基础性和不可替代性的作用。通过建立可靠且可操作的道德规范体系、加强社会制度建设、提升友善价值观柔性表达等方式，增强大学生对社会主义道德的信仰，坚定为实现中国梦而努力奋斗的理想信念。

---

① 《习近平在中国政法大学考察时强调：立德树人德法兼修抓好法治人才培养，励志勤学刻苦磨炼促进青年成长进步》，《人民日报》2017年5月4日，第1版。

第三章 ｜ 当代大学生友善价值观知行
现状及影响因素的调查分析

"一个时代的迫切问题，有着和任何在内容上有根据的因而也是合理的问题共同的命运：主要的困难不是答案，而是问题。因此，真正的批判要分析的不是答案，而是问题。"[①] 毋庸置疑，新时代为高校思想政治教育带来了新的机遇和挑战，在新的历史方位中做好此项工作，发现问题比解决问题更为关键。大学生友善价值观引导命题的提出，一方面体现了现实社会的需要：引导大学生自觉践行友善价值观是落实"立德树人"根本任务的现实需要；另一方面是学科发展在理论和实践研究上的需要。大学生友善价值观引导研究并不是停留在理论层面上的探讨，而是从社会现实问题出发，解决大学生在思想道德领域相关问题。改革开放以来，面对多元文化的冲击和影响，当代大学生究竟对友善价值观的认知和认同呈现出何种态势？这是新时代做好友善价值观引导需要重点关注的现实问题。实证研究作为探寻当前大学生友善价值观引导存在问题的重要途径，有利于获取第一手资料和进行深入剖析，为开展大学生友善价值观引导提供重要的信息来源。正如马克思所指出的："在思辨终止的地方，在现实生活面前，正是描述人们实践活动和实际发展过程的真正的实证开始的地方。"[②]

---

① 中共中央马克思恩格斯列宁斯大林著作编译局编译：《马克思恩格斯全集（第二版）》第1卷，人民出版社，2002，第203页。

② 中共中央马克思恩格斯列宁斯大林著作编译局编译：《马克思恩格斯文集》第1卷，人民出版社，2009，第526页。

第一节　调查背景与样本分析

一、调查背景

习近平总书记在全国宣传思想工作会议上指出："育新人，就是要坚持立德树人、以文化人，建设社会主义精神文明、培育和践行社会主义核心价值观，提高人民思想觉悟、道德水准、文明素养，培养能够担当民族复兴大任的时代新人。"[①] 这就把培育践行社会主义核心价值观的着眼点放在培养能够担当民族复兴大任的时代新人上，为社会主义核心价值观的深化和具体化指明了内容和方向。作为标志"时代最灵敏的晴雨表"，[②] 成长在当代的大学生是时代新人的主体，他们的"价值取向决定了未来整个社会的价值取向"。[③] 友善价值观作为社会主义核心价值观的重要内容之一，强调人际交往中应恪守的互相尊重、互相关心、互相帮助，和睦友好的道德准则，成为建构社会主义新型人际关系的基本价值标准。[④] 然而，友善与其他社会主义核心价值观的内容相比，并没有成为大学生所"热衷"的关键词，在大学生群体中对友善价值观的认知，出现众声喧哗、莫衷一是的情况。为准确把握当前大学生对友善价值观认知现状

---

① 《习近平在全国宣传思想工作会议上强调：举旗帜聚民心育新人兴文化展形象，更好完成新形势下宣传思想工作使命任务》，《人民日报》2018 年 8 月 23 日，第 1 版。

② 习近平：《习近平谈治国理政》第 1 卷，外文出版社，2018，第 167 页。

③ 习近平：《习近平谈治国理政》第 1 卷，外文出版社，2018，第 172 页。

④ 吴潜涛：《深刻理解社会主义核心价值观的内涵和意义》，《人民日报》2013 年 5 月 22 日，第 7 版。

的基本态势，探寻当前高校在培育和践行友善价值观教育存在的问题和改进之策，课题组在福建省内 8 所本科院校（福州大学、福建师范大学、福建农林大学、福建医科大学、福建中医药大学、福建工程学院、闽江学院、江夏学院）开展了广泛的主题调研，以期及时掌握当前大学生友善价值观知行现状的第一手实证资料。

二、样本情况

本研究采用纸质问卷的形式，在 8 所高校进行数据收集。自 2018 年 10 月至 2018 年 11 月，共发放问卷 800 份，回收问卷 786 份，回收率约为 98%。由于一部分样本存在"漏答""多答"或者"所有题项答案都是一样"的情况，将此类样本排除之后，剩下有效样本 624 份，样本实际回收率为 78%。

表 4-1　样本信息

统计变量		频率	占比
性别	男	308	49.36%
	女	316	50.64%
年级	本科一年级	192	30.77%
	本科二年级	209	33.49%
	本科三年级	109	17.47%
	本科四年级	82	13.14%
	本科五年级	32	5.13%
学科背景	理工农医	283	45.35%
	人文科学	152	24.36%
	社会科学	189	30.29%

如表 4-1 所示，在所有样本中，男性样本为 308 人，占比为 49.36%，

女性样本为 316 人，占比为 50.64%。在年级方面，本科二年级的学生最多，共有 209 人，占 33.49%，其次为本科一年级的学生，共有 192 人，占 30.77%，而本科三、四、五年级的学生则相对较少，分别占 17.47%、13.14% 和 5.13%。学科背景方面，理工农医类的学生共有 283 人，占 45.35%，社会科学类的学生为 189 人，人文科学类的学生为 152 人。

本次调查紧扣当前高校大学生日常生活中对于友善价值观的认知情况这一现实，沿着"大学生友善价值观认知、认同和引导"三个维度设计了具体的调查指标，涉及大学生的友善认知、友善意愿、友善行为选择等，同时关注大学生在日常生活中，对友善价值观接受渠道和教育途径等方面的接受度和认可度，在结合自身观察与思考的基础上，提出加强和改进大学生友善价值观引导的相关对策和建议。

第二节　当代大学生友善价值观知行现状分析

此次调研对象是福州地区大学城 8 所高校的大学生，调研内容是大学生对友善价值观的知行状况，通过数据分析可以反映出当前高校在培育和践行大学生友善价值观过程当中的一些具体情况。调查结果表明，当代大学生对友善价值观知行现状，虽然存在一些需要规范和矫正的问题，但总体上呈现积极健康、向上向善的发展态势。

一、大学生对友善价值观认知的总体情况

（一）对友善价值观知晓率较高，但部分同学对友善价值观的认知仍存在模糊或淡化意识

调查显示，大学生普遍能够了解和认同友善价值观的意义和作用，85.63% 的大学生认同"三个倡导"中所提到的友善价值观（见表 4-2），表明绝大多数大学生对友善价值观的知晓率和认同度较高。84.6% 的大学生能够意识到"友善价值观与个人的日常生活关系密切"，但仍有一部分大学生对友善价值观的认知需进一步加强。上述数据表明，绝大多数大学生都认为友善价值观与个人的日常生活有关系，认同友善价值观是他们学习生活中应当坚持与追求的行为选择，但有少部分大学生对于是否在个人日常行为选择中，应当坚持与追求友善价值观仍存在模糊或淡化意识。

根据高校大学生奉行友善价值观的调查数据，72.13% 的大学生以"义利合一"为主要选项，对于"个人主义""存义去利"和"见利忘义"

的价值行为认可度不高，绝大多数大学生能够以客观的态度正确看待义利关系。同时，调查也发现，部分大学生对于生活中友善行为认知存在偏差和不足。例如，在问及"如何看待生活中与助人为乐等友善行为"时，有 83.41% 的大学生都持认可态度，但仍有 16.59% 的大学生选择了"那都是模范和榜样们的事情""不太在意，与自己无关"，这种冷漠态度以及行为认知缺失等现象应当重点关注。因此，做好大学生友善价值观引导工作，需要不断提高和深化大学生群体对友善价值观行为认知的教育。

表 4-2　大学生对友善价值观认的知现状

内容	题项	频率	比例
我认同"三个倡导"中所提到的友善价值观	非常同意	399	63.91%
	同意	136	21.72%
	不确定	44	7.02%
	不同意	36	5.73%
	非常不同意	10	1.62%
我认为友善价值观与个人的日常生活关系密切	非常同意	361	57.86%
	同意	167	26.74%
	不确定	65	10.41%
	不同意	18	2.91%
	非常不同意	13	2.08%
我认为在当前高校大学生奉行的友善价值观是	个人主义	115	18.45%
	义利合一	450	72.13%
	存义去利	41	6.51%
	见利忘义	18	2.91%

续表

内容	题项	频率	比例
我是这么看待生活中助人为乐等友善行为	非常赞赏，理所应当去做的事情	262	42.06%
	比较认可，自己做得还不够	258	41.35%
	那都是模范、榜样们的事情	48	7.68%
	不太在意，与自己无关	56	8.91%

（二）对友善价值观的认知仍存在表层化现象，缺乏对友善价值观进行宽领域和深层次的理解

大部分大学生对中华优秀传统友善思想能够予以正确认知（见表4-3）。从调查的数据来看，大学生对"与人为善，善莫大焉""出入相友，守望相助""己所不欲，勿施于人""择友而善，择善而友"的选择分布均衡，大学生能够从自己的角度正确认知友善价值观的传统文化内涵。从中我们可以了解到，当前多数大学生都能够认识到中华传统友善价值观念的内容，对传统友善思想的认知水平较高。但问及是否了解其相关的理论渊源和价值内涵时，56.49%的大学生了解其具体渊源和内涵，也有32.39%和10.27%的大学生，分别选择了"不了解"和"非常不了解"。这也说明了当代大学生对相关理论认知缺乏宽领域和深层次的理解，"知其然不知其所以然"现象应当成为友善价值观引导中所要关注的重点之一。

表 4-3　大学生对中华传统友善价值观认知的数据统计

内容	题项	频率	比例
我认同的中华优秀传统友善思想内涵是	与人为善，善莫大焉	216	34.71%
	出入相友，守望相助	119	19.12%
	己所不欲，勿施于人	136	21.78%
	择友而善，择善而友	152	24.39%
我了解友善价值观的理论渊源及价值内涵	非常了解	112	17.87%
	了解	241	38.62%
	不了解	205	32.79%
	非常不了解	67	10.27%

二、大学生友善价值行为选择的特征分析

（一）大学生具有较高的友善价值要求，但在日常生活中的友善价值行为选择呈现出一定的不确定性和滞后性

大学生友善行为表现的态度，是否具有强烈的友善行为意愿，可以从侧面反映出当前大学生对友善价值观念和行为选择的真正认知。在问及"您对他人友善的原因"时，回答呈现出多样化态势（见表 4-4）。部分大学生的友善动机仍存在功利性和被动性，如 76.07% 的学生选择"他人对我友善"或"为了结交更多的朋友"选项，还有 11.48% 学生选择了"不清楚"，这表明了当前大学生对友善态度的不确定性和滞后性。同时，我们选取了大学生都比较关注了解的"扶老人被讹""好心没好报""英雄流血又流泪"等三个问题时，67.25% 的大学生认为这些现象的发生，会对他们践行友善价值观带来影响；但也有 12.91% 的大学生对当前的社会风气持悲观态度，他们将"世风日下，世态炎凉"认为是出现这些情况的原因。与此同时，当前大学生能够正确看待和处理校园生活的恶性

事件，有 71.25% 的大学生对恶性行为表现出了强烈的厌恶和气愤，特别是 94.99% 的大学生对"复旦大学校园投毒案""高铁占座男事件"表现出极大震惊和憎恶，让我们看到当代大学生都有着清晰的辨别是非能力，呈现出在价值导向中主流的一面。但不容忽视的是，23.86% 的大学生对人际交往中的恶性行为存在"冷漠和无所谓"的态度。这种态度需要引起重视，如果引导不当将会助长恶性行为的发生。当问及如果在校园遇到打架斗殴或发生紧急情况时会如何处理，绝大多数大学生回答会主动出面制止或提供帮助。但还有 26.88% 的大学生在对待这些问题时，仍表现出了"多一事不如少一事"以及"先看情况再说"等态度冷漠现象。这种行为选择意向呈现的差异，会对营造"向善向上"的道德氛围带来负面影响。

表 4-4　大学生对友善行为选择的数据分析

内容	题项	频率	比例
我对他人友善的原因是	他人对我友善	276	44.28%
	天生性格使然	78	12.45%
	为了结交更多的朋友	198	31.79%
	不清楚	72	11.48%
我对"扶人被讹""好心没好报""英雄流血又流泪"等社会现象的看法是	影响很恶劣，对助人为乐行为会慎重考虑	419	67.25%
	有影响，但仍会认为这是小概率事件	48	7.67%
	有影响，世风日下，世态炎凉	81	12.91%
	没有影响，依然坚信友善的力量	76	12.17%

续表

内容	题项	频率	比例
我对大学生人际交往中存在的恶行为持何种态度	比较厌恶和气愤	451	71.25%
	可以理解	24	3.89%
	习以为常，见惯不怪	68	10.91%
	无所谓，自己不做就行	81	12.95%
我看到校园内有打架斗殴等现象会	上前制止，并第一时间告知老师	327	52.41%
	矛盾心理，担心说出来得罪人	130	20.71%
	多一事不如少一事	104	16.67%
	打架是很正常的事，打完就没事了	64	10.21%
我对"复旦大学投毒案""高铁占座男事件"的看法是	震惊	252	40.48%
	憎恨	340	54.51%
	同情	16	2.56%
	不了解	15	2.45%

（二）大学生友善价值观念和行为存在知易行难现象

为了更好地了解当代大学生对友善价值观的知行现状，我们在此次调查问卷中设计了"如何认知当代大学生人际交往现状""如何看待雷锋精神""如何正确看待人际友善交往"等问题。从反馈的问卷来看，绝大多数的大学生都认同友善价值观的重要性，都能用正确的方式处理这些问题。特别是当问及"我认为当代大学生人际交往现状"这一问题时，绝大多数学生都认为"整体状况不错，主流是积极向上的"（见表4-5），说明大学生对当前友善价值观持正向的认同态度，比较愿意或非常愿意在日常生活中践行友善价值观。当问及"成长中对待雷锋精神的态度和看法"时，80.38% 大学生认为雷锋精神没有过时，但仍有 19.62% 的学生对雷锋精神有不同看法。同时，绝大多数大学生认同参加"社会实践活动"和"社会组织"都能够向他人表明自己拥有友善特质，但仍有 33.2% 和 29.79% 的大学生对此表现出了"不确定"或者"不同意"的态度。为了更好地了解产生这种现象的原因，我们以"我认为当代大学生对友善价值观认知存在问题的个人因素"为题进行了调查，结果显示，大多数大学生都能用正确的态度看待影响友善价值观认知的个人因素。但问及参加"每年参加志愿服务、义务劳动、敬老爱幼等友善公益活动的次数"，13.37% 大学生选择了"没有参加"友善公益活动。

表 4-5　大学生友善价值观念和行为分析

内容	题项	频率	比例
我认为当代大学生的人际交往现状	整体状况不错，主流是积极向上	395	63.36%
	比以前有进步，但也有很多问题	136	21.76%
	和以前比没有什么变化	49	7.89%
	道德水平滑坡，不容乐观	44	6.99%
在整个成长过程中，我对"雷锋精神"的认识和看法有没有什么转变	有，而且很大	22	3.47%
	稍微有一点	36	5.83%
	没有，但是开始质疑	64	10.32%
	完全没有	502	80.38%
我参加各种社会实践活动可以向他人表明我拥有友善特质	非常同意	194	31.13%
	同意	178	28.53%
	不确定	122	19.56%
	不同意	85	13.64%
	非常不同意	45	7.14%
我参加各种社会组织可以向他人表明我拥有友善特质	非常同意	179	28.64%
	同意	201	32.18%
	不确定	122	19.63%
	不同意	63	10.16%
	非常不同意	59	9.39%

续表

内容	题项	频率	比例
我每年参加志愿服务、义务劳动、敬老爱幼等友善公益活动的次数	每年 5 次以上	97	15.54%
	每年 3—4 次	197	31.63%
	每年 1—2 次	246	39.46%
	没有参加	83	13.37%

（三）大学生的网络友善行为素养

网络新媒体作为大学生了解日常学习生活的主渠道，对大学生友善价值观念和行为选择起到了很大的助推作用。因此，大学生对网络行为的友善价值和认知，从另一个侧面反映出学生在虚拟环境中的友善行为素养。以"在网络上是否可以对他人的言行进行随意谩骂"和"我认同在虚拟世界中的不友善行为是不道德"为题进行调查，结果显示（见表4-6），大多数大学生对此种网络行为持反对态度，但仍有少数大学生对网络不友善不文明行为仍存在模糊界定。

表 4-6　大学生网络友善行为素养

内容	类别	有效百分比	平均值	标准差
网络人际友善交往非常重要	非常同意	41.19%	3.57	1.212
	同意	29.79%		
	不确定	11.31%		
	不同意	8.99%		
	非常不同意	8.72%		
虚拟世界中的伪善言行是不道德行为	非常同意	40.13%	3.87	1.035
	同意	42.01%		
	不确定	8.73%		
	不同意	5.35%		
	非常不同意	3.78%		

三、大学生对开展友善价值观教育的认识与评价

（一）当前大学生对友善价值观的自我认知情况正处于形成阶段，自我认知友善价值观的渠道和途径呈现多样化趋势，仍有较大的提升空间

各种社会活动和教育环境对大学生友善价值观的认知具有重要的导向作用，特别是不同活动载体对大学生价值观影响重大（见表 4-7）。

表 4-7 各种活动对大学生友善价值观认知的影响程度

项目	没有	较小	一般	较大	很大	影响度（%）	影响值	排序
家庭教育	0.24%	6.58%	18.03%	45.67%	27.32%	71.2	3.98	1
学校教育	7.03%	9.89%	11.27%	33.63%	38.18%	56.7	3.67	2
网络报道	7.96%	8.99%	11.31%	29.79%	41.95%	47.6	3.53	3
社会风气	3.78%	5.35%	8.73%	42.01%	40.13%	43.3	3.27	5
报刊书籍	3.96%	5.41%	12.47%	36.53%	41.63%	50.3	3.37	4
亲朋好友	9.03%	16.78%	51.12%	17.61%	5.42%	16.7	2.92	6

但从个体出发来真正认知当前学校所开展的友善价值观教育的情况不容乐观。52.54% 的大学生认为当前学校所开展的友善价值观教育活动具有一定的成效，比较认同当前学校友善价值观引导所开展的活动。然而，也有 47.76% 的学生认为当前学校所开展的友善价值观教育，仍存在形式大于内容、教育成效不高等现象（见表 4-8）。对于这部分大学生而言，对友善价值观的知行认知仍处于"初步接触认知和践行阶段"，这就需要学校有针对性地提升友善价值观引导成效，在提升教育成效和整合育人资源的基础上，使友善价值观在大学生群体中成为"具有较高认同并成为行动自觉"。同时，随着时代的发展和信息技术的进步，当代大学生关注和了解友善价值观的途径和渠道呈现出多样性特征（见图 4-1），

网络新媒体成为大学生了解友善价值观内容和相关活动的主要途径和渠道，这对如何在新形势下有效开展友善价值观教育提供了机遇和挑战。

表 4-8　大学生对当前开展友善价值观教育的认识与评价

内容	题项	频率	比例
我认为当前高校开展大学生友善价值观活动现状是	学校很重视，措施很有效，效果很满意	102	16.41%
	学校很重视，措施比较有效，有一定效果	225	36.13%
	学校比较重视，但形式大于内容，效果一般	188	30.18%
	学校不太重视，教育方法陈旧，实效性低下	108	17.28%

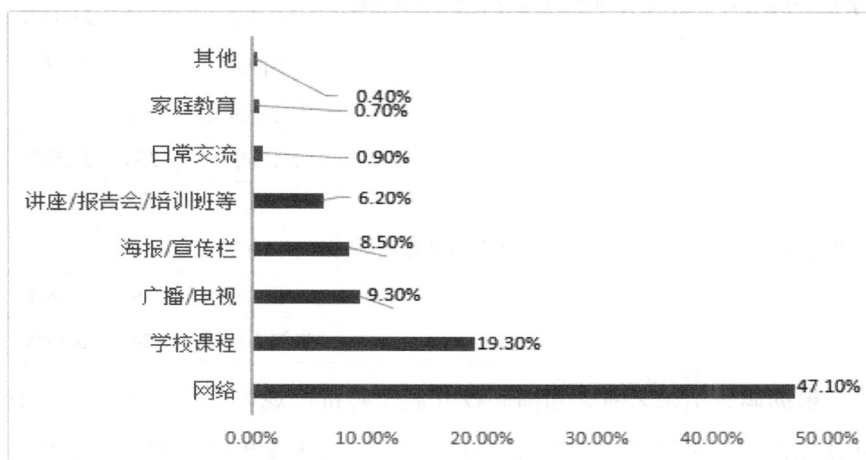

图 4-1　大学生了解友善价值观的载体和途径

（二）当前高校友善价值观知行教育缺乏连贯性，重理论轻实践状况依然存在

为了更好了解学校开展友善实践教育活动的成效，了解大学生对友善价值观理念认知的需求情况，我们以学生对课堂教学、思想道德教育和第二课堂教育的评价为调查依据（见表 4-9）。

表 4-9　大学生对学校开展友善实践教育活动的成效评价

内容	题项	频率	比例
课堂教学是友善价值观教育的主渠道	非常同意	238	38.18%
	同意	210	33.63%
	不确定	70	11.27%
	不同意	62	9.89%
	非常不同意	44	7.03%
学校开展友善价值观引导系列教育实践活动能够影响我的友善知行	非常同意	214	34.37%
	同意	189	30.28%
	不确定	132	21.19%
	不同意	34	5.47%
	非常不同意	54	8.69%
"道德榜样"对我的友善行为践行具有带动作用	非常同意	234	37.52%
	同意	241	38.64%
	不确定	76	12.11%
	不同意	49	7.88%
	非常不同意	24	3.85%

　　根据调查结果来看，当前高校开展友善价值观与实践活动出现脱节和认知误区，欠缺育人理念等情况。只有少数大学生认为当前高校开展的教育实践活动效果显著，大多数大学生认为"效果一般"，这也在客观上影响大学生对友善价值观认知的确定性，达不到预期的教育成效。在受访大学生中了解到，当前所开展的相关主题教育实践活动与友善价值观教育契合度缺乏连贯性，在课堂教学中对友善价值观教育的重要性认识不够，缺少相关的制度性保障和针对性教育，忽视了对学生思想的引导和价值观的构建；同时，仍有不少学生对当前开展友善价值观教育存在排斥和无知的态度并且缺乏主动性，同时也影响到身边同学的积极性。以上的因素使得当前友善价值观教育并没有达到预期的进程和成效。同

时，学校对于大学生较为关注的社会热点问题，如"彭宇案""复旦大学投毒案"以及"高铁占座"事件等，应当予以正面引导，形成正确的价值行为导向。大学生友善价值观引导作为系统工程，应当形成政府、社会、家庭和学校的教育合力，政府应当制定保护善行义举的相关法律和条例，建立奖惩机制，对社会存在的道德恶性事件，应当予以及时处理。

（三）高校在开展友善价值观教育的活动载体上，忽视了对新媒体的运用

目前，网络已成为大学生获取信息和知识的主要途径，但友善价值观教育的阵地并没有及时转移到网络中来。根据此次调查的结果发现，当前高校开展友善价值观教育忽视了对新媒体的运用。在问及"最希望学校通过何种形式开展友善价值观教育"时，各类新媒体已成为大学生最乐于接受的教育载体，但仍有一部分学生表示其所在学校的各类友善价值观教育实践活动虽然通过新媒体开展宣传，但没有取得很好的成效。虽然各高校也建立了相关的微信公众号和官方微博等新媒体平台，但由于观念或技术的制约，忽视了新媒体传播规律，在教育场域上只是做了简单的空间转换，缺少对网络话语权的关注和相关对策的引导，导致利用新媒体开展大学生友善价值观教育缺乏关注度和吸引力。

第三节　当代大学生友善价值观影响因素分析

以往有研究表明，由于价值观具有稳定性、持久性、历史性、选择性和主观性等特点，大学生在现实生活中对同一事物的价值判断和行为取向可能大相径庭。为此，本次调查紧扣当前高校大学生日常生活中对于友善价值观的认知情况这一现实，围绕影响友善价值观知行的"个体因素"与"外界环境"两个影响因素，沿着"大学生友善价值观认知、认同和践行"三个维度设计了具体的调查指标，尝试从人格特征、面子、关系、同伴压力、政府倡议、校园氛围、家庭影响、友善价值观和友善行为意向等变量出发，对大学生友善价值认知、践行意愿、行为选择等方面进行研究和论证，以期能够从个人主观因素和社会环境因素中寻找大学生友善价值观知行的影响因素，为大学生友善价值观引导提供科学依据。

一、研究假设与模型建构

基于当代大学生友善价值观知行现状分析，建构了大学生友善价值观影响因素模型，本研究中主要涉及了9个变量：人格特征、面子、关系、同伴压力、政府倡议、校园氛围、家庭影响、友善价值观和友善行为意向。

（一）人格特征

国内外学者从不同的角度对"人格"概念做出了相应界定，本研究的人格主要指向的是"人的性格、气质、能力等特征的总和，人的道德品质，人作为权利义主体的资格"，其特征主要包含"外向性、亲和性、尽责性、情绪不稳定性和开放性等五大特质"。[1] 为此，本研究中关于人格特征的变量采用黄浩春等学者提出的 20 个题项。[2]

调查题项：

WX1：我是一个外向的人

WX2：我不是一个内敛的人

WX3：我会毫无保留地帮助他人

WX4：我不是冷漠无情的人

KF1：我是一个包容他人缺点的人

KF2：我是一个理智的人

KF3：我是一个文明的人

KF4：我是一个有温度的人

QX1：我是一个害怕惹事的人

QX2：我是一个敏感的人

QX3：我是一个情感脆弱的人

QX4：我是一个容易受伤的人

QX5：我是一个做事随性的人

JZ1：我是一个有责任心的人

JZ2：我是一个耐心的人

JZ3：我是一个细心的人

---

① Saucier G. Mini-Markers，*A Brief Version of Goldberg's Unipolar Big-Five Markers*，Journal of Personality Assessment，1994，63(3)，p.506-516.

② Han-Chung Huang, T.C.E.Cheng, Wei-Fan Huang, Ching-I Teng, *Impact of Online Gamers' Personality Traits on Interdependence*，*Network Convergence*，*and Continuance Intention: Perspective of Social Exchange Theory*，International Journal of Information Management，2018，38(1)，p.232-242.

QH1：我是一个友善的人

QH2：我是一个有距离感的人

QH3：我是一个乐于助人的人

QH4：我是一个有同理心的人

（二）面子

"面子"是中国传统文化、传统价值观、人格特征、社会文化的耻感取向共同作用的综合体。国内外学者普遍认为面子作为影响中国人人际关系的重要因素之一，是规范社会生活和人际交往中最微妙的标准。为此，本研究关于面子的变量采用么桂杰提出的 7 个题项。[①]

调查题项：

MZ1：我希望拥有一般人没有但渴望的特质

MZ2：我很在乎别人对我的夸奖和称赞

MZ3：我希望大家认为我能办成一般人办不成的事

MZ4：我希望自己在聊天时总能说出别人不知道的事

MZ5：我希望在别人眼中，我比大多数人都乐于助人

MZ6：当谈及我的弱项时，我总希望转移话题

MZ7：就算是我错了，也很难让我向别人当面认错

（三）关系

关系的概念源于儒家思想，对中国社会产生了深远的影响，特别是在社会交往过程中，关系成为维系特定人际关系网络和谐相处的一个重要因素，潜移默化地影响人们的价值观念和道德情感。关系指向的是人

---

① 么桂杰：《儒家价值观、个人责任感邵真等学者对中国居民环保行为的影响研究》，北京理工大学博士学位论文，2014，第 224 页。

与人之间某种性质的联系，在此基础上形成互惠性关系网络，成为维系人际情感和谐共生的前提条件。邵真和潘正远认为关系是一个包含了人情、感情和信任的二阶变量，[①] 本研究采用他们的 9 个题项对关系进行测量。

调查题项：

GQ1：我非常在意他人对我所做事情的评价

GQ2：在做事情之前，我会在意他人的感受

GQ3：当身边人需要帮助时，我会尽力帮助他们

RQ1：在我和朋友之间，"给予和获取"是重要的一部分

RQ2：朋友之间的相互帮助，可以增强与他们的关系

RQ3：我会回报曾经帮助我的朋友

XR1：人际相互交往，信任是前提

XR2：我是言行一致的人

XR3：没有主体的人格对等，信任行为不可能发生

（四）同伴压力

同伴压力是指同伴互相比较产生的心理压力，会促使个人改变其态度、价值观或行为使其遵守团体准则，在人际交往领域较为常见的是群体价值是否能够影响他人做出正确决定。为此，Punitha Sinnappan 和 Azmawani Abod Rahman 的研究中关于同伴压力 4 个题项用于测量此变量。[②]

---

① Shao Z, Pan Z, *Building Guanxi Network in the Mobile Social Platform: A Social Capital Perspective*, International Journal of Information Management，2019，44，p.109-120.

② Sinnappan,P.,Rahman,A.A，*Antecedents of Green Purchasing Behavior among Malaysian Consumers*，International Business Management，2011(3)，p.129-139.

调查题项：

TB1：我从朋友那里获知很多友善价值观常识

TB2：我从朋友那里获知很多思想道德领域的问题

TB3：我经常与朋友探讨社会道德问题

TB4：我经常与朋友分享关于善恶问题的信息

（五）政府倡议

政府倡议是指政府采取的或支持的倡议，作为社会建设和管理的主要力量，政府在友善价值观引导方面发挥的作用是不可否认的。作为新时代友善价值观引导的积极倡导者，政府倡导保障了友善价值观引导的广度与深度，对形成有利于友善价值观引导的生活情景和社会氛围发挥着重要的导向作用。为此，Punitha Sinnappan 和 Azmawani Abd Rahman 的研究中关于同伴压力研究中的 4 个题项用于测量此变量。[①]

调查题项：

ZF1：政府提倡友善价值观

ZF2：学校应该要求全体学生学习关于解决道德价值观问题的课程

ZF3：政府应该加大投入，营造惩恶扬善的良性氛围

ZF4：政府应该实施善行义举的规章和条例

（六）校园氛围

校园氛围是学校在办学育人的历史进程中，是全体师生共同建构的学校心理、情感和文化氛围，由学校环境、文化积淀、价值观认同以及社会网络资源等方面组合而成。可以说，学校氛围对学生的价值认知、

---

① Sinnappan,P.,Rahman,A.A, *Antecedents of Green Purchasing Behavior among Malaysian Consumers*，International Business Management，2011(3)，p.129-139.

行为养成和社会性发展起着正面影响。[①] 为此，贾新明在研究中提出的 7 个题项用于测量校园氛围。[②]

调查题项：

XY1：学校老师的师德师风对我友善观念的养成起着重要作用

XY2：学校的学习风气有助于我养成良好的道德意识

XY3：我愿意在公开场合提及学校在思想道德建设领域的成就

XY4：崇德向善氛围的形成，使我有合理表达自我观点的空间

XY5：校园足够开放，使我有与不同院校、专业交流的机会

XY6：学校对学生个性发展的关注，培养了我积极向善的个人品德

XY7：我在学校生活具有安全感和归属感

（七）家庭影响

习近平总书记曾明确指出，家庭的文明作用不可替代，[③] 要在家庭中培育和践行社会主义核心价值观。[④] 这为新时代家庭以实际行动践行友善价值观，促进大学生健康成长和社会和谐发展指明了方向。家庭环境的新变化为大学生的成长带来了新问题，考察新时代家庭影响对友善价值观形成的作用，能够为培育时代新人带来新视角。为此，家庭影响的 4 个题项则是来源于 Punitha Sinnappan 和 Azmawani Abd Rahman 的研究。[⑤]

---

① 陈文博:《一流大学要有一流的软环境》,《国家教育行政学院学报》2002 年第 4 期。

② 贾新明:《高校软环境的评价量表设计——基于学生感知的视角》,《黑龙江高教研究》2012 年第 10 期。

③ 习近平:《习近平谈治国理政》,外文出版社，2017，第 353 页。

④ 习近平:《习近平谈治国理政》,外文出版社，2017，第 355 页。

⑤ Sinnappan,P.,Rahman,A.A，*Antecedents of Green Purchasing Behavior among Malaysian Consumers*，International Business Management, 2011(3)，p.129-139.

调查题项：

JT1：我从父母那里获知很多友善价值观常识

JT2：我从父母那里获知很多思想道德领域的问题

JT3：我经常与父母探讨社会道德问题

JT4：我经常与父母分享关于善恶问题的信息

（八）友善行为意向与友善价值观

友善行为意向是指人们在社会生活过程中，关注友善行为态度如何有意识地影响个体交往行为的意愿，以及在做出友善行为选择前所考虑自身行为的意义和后果。友善行为的发生与个体的价值认知水平密切相关，应当成为友善价值观践行成效的重要标准。为此，蒋洋洋和洪明关于正义感生成规律的相关研究，将运用于本研究以测量友善价值观，[①]Chol Lee 的研究中的行为意向将用于本研究测量友善行为意向。[②]

调查题项：

JZ1：我是表里如一的人

JZ2：我是知行合一的人

JZ3：我会平等对待每一个人

YX1：他人有困难我会第一时间伸出援助之手

YX2：我会将我的友善行为传递给他人

---

① 蒋洋洋、洪明：《正义感生成机制及大学生正义感培育的基本思路探析——基于理性和情感交互作用的视角》，《马克思主义与现实》2018 年 2 期。

② Lee C，*Modifying An American Consumer Behavior Model for Consumers in Confucian Culture: The Case of Fishbein Behavioral Intention Model*，Journal of International Consumer Marketing，1990，3(1)，p.27-50.

（九）研究假设

针对以上 9 个变量的关系，提出以下假设：

假设 1（H1）：大学生的人格特征（H1a. 外向性、H1b. 亲和性、H1c. 尽责性、H1d. 情绪不稳定性、H1e. 开放性）正向影响着友善价值观的形成。

作为先于任何特定态度和行为的五大人格特征，是影响人们对友善行为意向和行为发生的重要因素。但是，不同的人格特征对友善行为发生的影响力是有区别的。

假设 2（H2）：面子正向影响着友善价值观的形成。

在社会发展变迁的历史进程中，面子的内涵、价值和功能的定义也随之发生变化，唯有对面子在人际交往中的作用机理进行具体揭示，才能更好地对面子与友善价值观到底存在何种关联进行系统验证。

假设 3（H3）：大学生的关系正向影响着友善价值观的形成。

关系是以个体为建构基础的，在社会生活中扮演着重要"角色"，在积极互动和谐共生的情境中，能够使个体更积极和主动地关心他人，友善作为一种积极的人际交往心态，关系对友善价值观的形成具有正向作用。然而，关系如若把握不当，也能带来负面影响。

假设 4（H4）：大学生的同伴压力正向影响着友善价值观的形成。

以往研究更多关注的是消极同伴压力对个体不良行为的影响，而积极同伴压力究竟对个体友善行为的发生有什么作用？这是本研究尝试解决的问题。

假设 5（H5）：政府倡议正向影响着友善价值观的形成。

自友善价值观正式提出以来，党和政府推出了一系列的倡议活动对友善价值观的培育和践行发挥着重要的导向作用，引领人们正确认知思想道德领域存在问题，有利于"培育自尊自信、理性平和、积极向上的社会心态"。①

假设6（H6）：学校氛围正向影响着友善价值观的形成。

学校作为推进友善价值观引导的主阵地，如何应对新时代环境塑造及引导实践的内在要求，通过学校氛围对友善价值观形成的作用，对不断推进友善价值观融入学校场域具有重要的导向作用。

假设7（H7）：家庭影响正向影响着友善价值观的形成。

作为一个重大理论和实践课题，如何在满足社会发展和个人成长需要的基础上，探寻符合新时代的家庭教育观已成为一项重大的时代课题。

假设8（H8）：友善价值观正向影响着大学生友善行为意愿的形成。

当前大学生在道德价值观践行中的"知行脱离"现象仍比较普遍。大学生在人文素养、情感认知以及文明礼貌等方面的表现，对道德行为养成的影响最大。大学生对友善价值观认同态度，直接影响大学生友善行为意愿的发生。

（十）模型建构

基于上述理论分析和研究假设，本文的研究模型如图4-2所示：

① 习近平:《决胜全面建成小康社会 夺取新时代中国特色社会主义伟大胜利——在中国共产党第十九次全国代表大会上的报告》，人民出版社，2017，第49页。

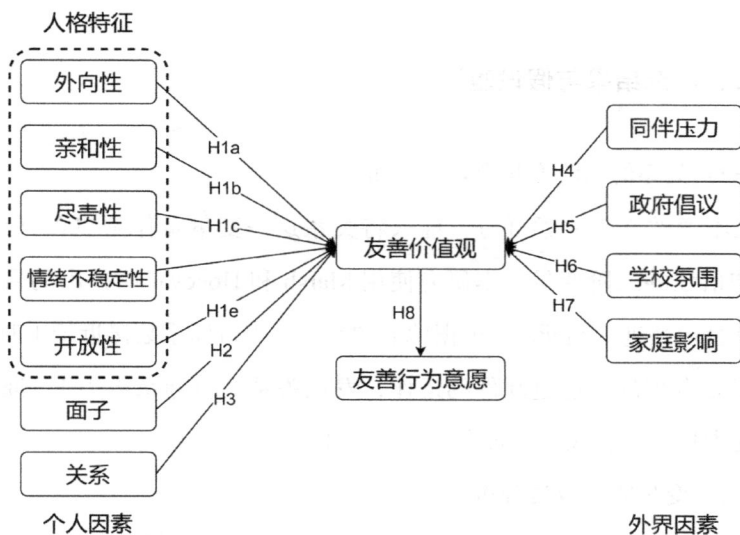

图 4-2　研究模型

二、分析技术

本研究拟采用问卷的形式对目标人群进行数据收集。问卷主要包括两个部分：第一部分为样本信息，包括性别、年级和学科背景；第二部分为问卷的主体部分，采用李克特 7 级量表 "1 = 非常不同意，2 = 不同意，3 = 略微不同意，4 = 一般，5 = 略微同意，6= 同意，7 = 非常同意" 对本文所涉及的变量进行评价。利用 SPSS24.0 和 AMOS24.0 软件进行关系的二阶变量合理性验证、变量的信效度分析、验证性因子分析、区别效度检验、假设检验。

三、研究结果与假设验证

（一）关系的二阶变量合理性验证

在本章的文献回顾部分，前人将关系这一变量看作是包含有感情、人情和信任的二阶变量。本研究使用 Marsh 和 Hocevar 所提出的目标系数对其合理性进行判断。[1] 根据他们的研究，当目标系数接近于 1 时，二阶变量是合理的。通过软件的运作，发现关系的目标系数为 1，证明了本研究中将关系看成是二阶变量的合理性。

（二）变量的信效度分析

如表 4-10 所示，本研究中所涉及的变量的各题项的标准化载荷处于 0.691— 0.909 之间，均大于标准值 0.6。[2] 多元平方相关值处于 0.477— 0.826 之间，均大于标准值 0.3。[3] 组成信度值处于 0.795— 0.921 之间，均大于标准值 0.7。[4] 并且，平均方差提取值处于 0.565— 0.776 之间，均大于标准值 0.5。[5] 据此认为，本文的所有变量具有良好的信度和收敛效度。

---

[1] Marsh H W, Hocevar D, *Application of Confirmatory Factor Analysis to the Study of Self-concept: First-and Higher Order Factor Models and Their Invariance Across Groups*, Psychological Bulletin, 1985, 97(3), p.562.

[2] Iacobucci D, *Structural Equations Modeling: Fit Indices, Sample Size, and Advanced Topics*, Journal of Consumer Psychology, 2010, 20(1), p.90-98.

[3] Iacobucci D, *Structural Equations Modeling: Fit Indices, Sample Size, and Advanced Topics*, Journal of Consumer Psychology, 2010, 20(1), p.90-98.

[4] Nunnally J C, *Bernstein I H. Psychometric Theory McGraw-Hill Series in Psychology*, New York: McGraw-Hill, 1994, p.34.

[5] Fornell C, Larcker D F, *Evaluating Structural Equation Models with Unobservable Variables and Measurement Error*, Journal of Marketing Research, 1981, p.39-50.

表 4-10　验证性因子分析结果

构面	题项	标准化载荷	多元平方相关（SMC）	组成信度（CR）	平均方差提取值（AVE）
关系	感情	0.747	0.558	0.795	0.565
	人情	0.691	0.477	—	—
	信任	0.812	0.659	—	—
外向性	WX1	0.753	0.567	0.855	0.597
	WX2	0.861	0.741	—	—
	WX3	0.733	0.537	—	—
	WX4	0.737	0.543	—	—
开放性	KF1	0.893	0.797	0.871	0.629
	KF2	0.753	0.567	—	—
	KF3	0.725	0.526	—	—
	KF4	0.790	0.624	—	—
情绪不稳定性	QX1	0.744	0.554	0.883	0.603
	QX2	0.890	0.792	—	—
	QX3	0.747	0.558	—	—
	QX4	0.763	0.582	—	—
	QX5	0.727	0.529	—	—
尽责性	JZ1	0.832	0.692	0.821	0.605
	JZ2	0.773	0.598	—	—
	JZ3	0.724	0.524	—	—
亲和性	QH1	0.894	0.799	0.888	0.666
	QH2	0.797	0.635	—	—
	QH3	0.780	0.608	—	—
	QH4	0.789	0.623	—	—

续表

构面	题项	标准化载荷	多元平方相关（SMC）	组成信度（CR）	平均方差提取值（AVE）
面子	MZ1	0.758	0.575	0.909	0.587
	MZ2	0.796	0.634	—	—
	MZ3	0.759	0.576	—	—
	MZ4	0.762	0.581	—	—
	MZ5	0.759	0.576	—	—
	MZ6	0.737	0.543	—	—
	MZ7	0.790	0.624	—	—
同伴压力	TB1	0.837	0.701	0.862	0.609
	TB2	0.742	0.551	—	—
	TB3	0.751	0.564	—	—
	TB4	0.789	0.623	—	—
政府倡议	ZF1	0.771	0.594	0.854	0.593
	ZF2	0.758	0.575	—	—
	ZF3	0.781	0.610	—	—
	ZF4	0.771	0.594	—	—
家庭影响	JT1	0.783	0.613	0.865	0.616
	JT2	0.834	0.696	—	—
	JT3	0.757	0.573	—	—
	JT4	0.763	0.582	—	—
校园氛围	XY1	0.756	0.572	0.921	0.627
	XY2	0.770	0.593	—	—
	XY3	0.757	0.573	—	—
	XY4	0.779	0.607	—	—
	XY5	0.799	0.638	—	—
	XY6	0.894	0.799	—	—
	XY7	0.778	0.605	—	—

续表

构面	题项	标准化载荷	多元平方相关（SMC）	组成信度（CR）	平均方差提取值（AVE）
友善价值观	YS1	0.894	0.799	0.857	0.668
	YS2	0.753	0.567	—	—
	YS3	0.798	0.637	—	—
友善行为意向	YX1	0.909	0.826	0.874	0.776
	YX2	0.852	0.726	—	—

如表 4-11 所示，本研究所涉及的变量之间的平均方差提取值（AVE）的开根号值均大于变量之间的相关值，由此可知，各个变量之间存在区别效度。

表 4-11　区别效度检验结果

	YX	XY	GX	YS	JT	ZF	TB	MZ	QH	JZ	QX	KF	WX
YX	**0.881**												
XY	0.092	**0.792**											
GX	0.048	0.037	**0.752**										
YS	0.280	0.308	0.244	**0.817**									
JT	0.089	0.116	0.035	0.273	**0.785**								
ZF	0.012	0.067	0.096	0.183	−0.003	**0.770**							
TB	0.055	−0.019	0.076	0.348	0.020	0.022	**0.780**						
MZ	0.102	0.042	0.037	0.278	0.126	−0.034	0.058	**0.766**					
QH	0.059	0.084	0.007	0.089	0.057	0.014	0.077	0.007	**0.816**				
JZ	0.071	0.045	−0.056	0.065	0.047	0.025	0.007	0.050	0.133	**0.778**			
QX	0.036	0.118	0.031	0.189	0.024	0.067	0.002	0.004	0.035	0.031	**0.777**		
KF	0.048	−0.017	0.084	0.162	0.035	−0.071	0.006	0.040	0.024	−0.025	0.030	**0.793**	
WX	0.062	0.034	−0.019	0.236	0.122	0.039	0.026	0.063	−0.059	−0.012	0.086	0.063	**0.773**

注：加粗黑体字数值为平均方差提取值（AVE）开根号值。

YX＝友善行为意向，XY＝校园氛围，GX＝关系，YS＝友善价值观，JT＝家庭影响，ZF＝政府倡议，TB＝同伴压力，MZ＝面子，QH＝亲和性，JZ = 尽责性，QX = 情绪不稳定性，KF = 开放性，WX = 外向性。

（三）假设检验

本研究使用 AMOS 24.0 对所收集的数据进行分析，以验证在文献回顾中所设定的研究假设。如表 4-12 所示，该结构方程模型的拟合指标在标准值范围内，由此可见，此结构方程模型达到了良好的拟合度。

表 4-12　结构方程模型拟合结果

模型拟合系数	统计值	最优标准值	拟合效果
CMIN	1835.659	——	——
DF	1695	——	——
CMIN/DF	1.083	< 2	良好
RMSEA	0.012	< 0.05	良好
GFI	0.913	> 0.9	良好
CFI	0.992	> 0.9	良好
IFI	0.992	> 0.9	良好
TLI	0.992	> 0.9	良好
NFI	0.910	> 0.9	良好

如表 4-13 所示，在个人因素方面，亲和性（$\beta = 0.036$，$p > 0.05$）和尽责性（$\beta = 0.040$，$p > 0.05$）不能够对友善价值观的形成产生任何影响，因此，假设 H1b 和 H1c 不成立。其他个人因素：外向性（$\beta = 0.179$，$p < 0.001$）、情绪不稳定性（$\beta = 0.130$，$p < 0.001$）、开放性（$\beta = 0.143$，$p < 0.001$）、面子（$\beta = 0.226$，$p < 0.001$）和关系（$\beta = 0.188$，$p < 0.001$）均能够影响大学生友善价值观的形成。因此，假设 H1a、H1d、H1e、H2 和 H3 成立。

在外界因素方面，同伴压力（$\beta = 0.331$，$p < 0.001$）、政府倡议（$\beta = 0.154$，$p < 0.001$）、校园氛围（$\beta = 0.264$，$p < 0.001$）和家庭影响（$\beta =$

0.191，$p < 0.001$) 都可以影响大学生友善价值观的形成，H4、H5 、H6 和 H7 成立。值得指出的是，同伴压力的影响作用是最大的。

同时，友善价值观 ($\beta = 0.268$，$p < 0.001$) 能够影响大学生友善行为意向的形成，H8 成立。

表 4-13　假设检验结果

假设	路径	标准化系数	p
H1a	外向性→友善价值观	0.179	***
H1b	亲和性→友善价值观	0.036	0.356
H1c	尽责性→友善价值观	0.040	0.318
H1d	情绪不稳定性→友善价值观	0.130	***
H1e	开放性→友善价值观	0.143	***
H2	面子→友善价值观	0.226	***
H3	关系→友善价值观	0.188	***
H4	同伴压力→友善价值观	0.331	***
H5	政府倡议→友善价值观	0.154	***
H6	校园氛围→友善价值观	0.264	***
H7	家庭影响→友善价值观	0.191	***
H8	友善价值观→友善行为意向	0.268	***

注：*** 表示 $p < 0.001$

四、调查启示

（一）研究发现

本研究从个人因素和外界环境两个维度出发，对影响大学生友善价值观知行因素进行探讨，通过实证调研和数据分析对各影响因素之间的关系进行验证，结论如下：在个人因素方面，大学生人格特征方面的外向性、情绪不稳定性和开放性对友善价值观形成具有显著正向影响；而亲和性和尽责性不会对友善价值观产生带来影响。同时，大学生的面子观和关系对友善价值观形成具有显著的正向影响。在外界因素方面，同伴压力、政府倡议、校园氛围和家庭影响对大学生友善价值观知行均产生了显著性影响。从以上影响因素中我们可以看出，当代大学生对友善价值观知行现状呈现以下特征：

第一，群体差异性。分析结果表明，在方差齐性的条件下，不同性别、年级和学科背景的学生，对友善价值观的认同度呈现差异性。这说明要在后面的研究中，关注大学生对友善价值观知行的群体差异性，通过差异化引导建构科学路径。

第二，认知模糊性。大学生对友善价值观思想内涵的认知仍存在表层化现象，缺乏对友善价值观进行宽领域和深层次的理解。"知其然不知其所以然"的现象应当成为友善价值观引导中所要关注的重点之一。

第三，知行偏离性。友善价值观在融入大学生日常生活中，更多表现为一种规范性话语引导，缺乏现实基础。如大学生对友善价值观何以重要的知晓率较高，但与大学生价值践行之间并未相统一，应当对大学生存在模糊或淡化意识予以重视。

第四，践行实用性。大学生对友善价值观的知行，因受价值实用主义、功利主义和利益主义的影响，使他们在友善价值观知行问题上，存在功利化、世俗化和实用化等现象，需要在今后开展友善价值观引导中予以重视。

通过对研究假设的验证，个人因素中亲和性和尽责性对大学生友善价值观形成的影响不显著。从中我们可以看到，当前对友善价值观宣传教育并没有达到预期的成效。换言之，要提升大学生友善价值观引导成效，就要在重视个体因素和外界因素的同时，重视提升友善价值观话语的亲和性，建构符合新时代特征的话语体系，整合友善价值观引导的道德资源和组织力量。

（二）研究启示

通过对大学生友善价值观知行影响因素的研究，本研究认为：在现实生活中，做好大学生友善价值观引导工作，应当根据"因事而化、因时而进、因势而新"的原则制定以下相关策略，增强大学生对友善价值观认知、认同与践行。

第一，要重视理论宣传教育。面对当前大学生对友善价值观知行差异，端正大学生对友善价值观思想内涵的宣传教育，是做好此项工作的重要前提。应当注意的是，在全媒体时代和媒体融合发展趋势下，友善价值观的理论宣传教育，应当加强传播方式建设和创新，优化网络环境，运用大学生喜闻乐见的载体宣讲友善价值观的思想内涵，在努力占领新舆论场域的同时，廓清对友善价值观的知行困惑。

第二，满足大学生主体需要。人的需要是社会主义核心价值观内化与外化的现实基础。大学生友善价值观引导成效的取得，不能仅仅满足于理论层面的宣传教育，而是应当在满足大学生主体需要的基础上，更好地"同这个民族、这个国家需要解决的时代问题相适应"。[1] 当前，多元文化和价值观念的交流、交融、交锋日益明显，做好新时代高校思想政治工作面临着严峻挑战。这也就要求思想政治工作者要根据形势发展，善于运用各类载体，使友善价值观所蕴含的理念、责任与担当，在大学生人际交往实践中成为一种自觉的理性认识。

第三，优化社会环境。通过实证研究和调查访谈发现，外界因素对大学生践行友善价值观具有重要的导向作用。在社会主要矛盾发生历史

---

① 习近平：《习近平谈治国理政》第 1 卷，外文出版社，2018，第 171 页。

性转化的时代背景下，社会不良风气对大学生友善价值观知行能够产生负面影响。为此，营造"崇德向善"的社会环境，一方面，应当通过健全友善价值观引导机制来夯实"硬件"基础；另一方面，更需要涵养积极向善的社会心态来厚植友善价值观引导的"软件"灵魂。通过优化社会环境，提升大学生对友善价值观的认同感、体验感和获得感。

第四，善于把握规律，是做好友善价值观引导的科学保障。要使友善价值观转化为大学生的行为自觉，关键是"要遵循思想政治工作规律、遵循教书育人规律、遵循学生成长规律"。[①] 因为大学生人格特质、家庭环境等方面的差异，所以决定了解决他们在人际交往中的问题不能都用同一种方式和思路。要顺应"事""时""势"的变化，深入大学生人际交往实践中把握意识背后的存在规律，了解大学生友善价值观知行差异的原因，科学运用大学生友善价值观的引导规律，切实提高工作成效。

第五，要使法治成为友善价值观引导的重要载体。当"扶不扶""救不救"成为一个带有普遍性的社会问题时，不仅折射出了当前"扶危救困"保障机制的缺失，更涉及世道人心，应成为法治建设的重要目标。大学生正处于人生价值观养成的关键时期，面对此类事件，如若处理不当，容易产生误导。为此，如何将友善价值观全面融入中国特色社会主义法律体系，充分发挥法律法规的价值导向作用，让行善更加理所当然，对树立社会正气和筑牢思想道德基础意义重大。

第六，高校作为培养社会主义建设者和接班人的重要摇篮，是大学生友善德性形成的重要教育场域。因此，大学生友善价值观引导应当聚焦"为谁培养人、培养什么人和如何培养人"这一目标，通过建构政府、学校、社会和家庭多位一体的引导体系，确保友善价值观的理念内涵、

---

① 《习近平在全国高校思想政治工作会议上强调：把思想政治工作贯穿教育教学全过程，开创我国高等教育事业发展新局面》，《人民日报》2016年12月9日，第1版。

目标原则及价值愿景，能够得到大学生的认同和践行，为友善价值观引导落到实处指明方向。

　　基于上述分析，本研究认为，在新时代背景下，大学生友善价值观引导要取得实效，应当从个体因素和外界因素两个层面出发，对当前大学生友善价值观引导的影响因素和践行困境进行系统探讨，探究当前大学生友善价值观引导中的规律、机制和载体，并从国家、社会、家庭和学校四个层面出发开展具体工作，减少大学生对友善价值观知行的负面情绪与行为，切实增强大学生对友善价值观的认同和践行。

　　（三）研究的局限与未来方向

　　由于本研究只针对福建省福州地区大学城 8 所高校的在读本科学生，样本的代表性不足，所以也存在一定的局限性。在未来的研究中，可以增加取样的城市和高校，通过网络问卷、电话访谈增加数据收集的渠道，提升样本的代表性，使得研究结果更具有普遍性，为相关领域的学者和工作人员提供可实践的参考。

第四章 | 当代大学生友善价值观
引导困境的成因

"一个时代有一个时代的问题，一代人有一代人的使命。"①改革开放以来所取得的伟大成就，在造就物质世界全新面貌的同时，也频繁刷新大学生对人际交往的思想和价值观念认知。新时代要有新使命，面对大学生在友善价值观知行中存在的多元多变趋势，如何正确审视当前友善价值观引导中存在的问题与困境，使他们成为友善价值观的"坚定信仰者、积极传播者、模范践行者"，事关培养什么样的人、如何培养人以及为谁培养人这些根本问题，同时也能够为达成良好价值共识提供方向性指引。

----

　　① 习近平:《开放共创繁荣 创新引领未来——在博鳌亚洲论坛 2018 年年会开幕式上的主旨演讲》,《人民日报》2018 年 4 月 11 日，第 3 版。

第一节　大学生友善价值观引导的问题聚焦

在经济体制深刻变革、社会结构深刻变动、利益格局深刻调整、思想观念深刻变化的改革攻坚期、矛盾凸显期和发展关键期，当代大学生价值取向呈现多元化趋势。受一些负面现象影响，有些人对大学生群体中存在的理想信念迷茫和价值取向混乱提出疑问，甚至将其称为"颓废的一代"，这种观点有失偏颇。通过本研究的系列调研表明，虽然存在一些需要规范和矫正的问题，但当代大学生对友善价值观知行总体上是积极向上的。

一、价值目标的层次化

作为思想道德建设领域的重要内容，友善价值观所要求的人与人之间的平等相待、友好相处及关爱互助等要素，对于"培育自尊自信、理性平和、积极向上的社会心态"[①]具有重要的推动作用。然而，友善价值观作为思想道德体系建设的重要内容，它不是对社会人际交往和道德现象的简单描述，而是对规范和引导人际交往行为的必然要求，其价值目标的层次化包含着先进性的最高要求和群众性的基本要求的统一。在不同的社会历史条件下，道德要求和价值导向的不同，对人们的道德境界和要求也随之发生变化。由于人们的经济状况、社会关系和文化素养等方面的差异性，人们的道德觉悟、道德修养和主观努力程度也存在差异

① 习近平：《决胜全面建成小康社会 夺取新时代中国特色社会主义伟大胜利——在中国共产党第十九次全国代表大会上的报告》，人民出版社，2017，第49页。

性。从当前来看，人们的思想道德境界主要分为大公无私、先公后私、追求个人正当利益及自私自利。友善作为道德生活的重要"润滑剂"，能够帮助我们区分价值目标层次化的不同所带来的不利影响。但是区分道德层次，绝不意味着让不同层次的人停留在某个层次上，而是可以通过系统的价值观引导和教育，在社会实践中提升人们的道德修养和价值认同，使处于较低层次的人都能够主动地、积极地向理想的道德高峰攀登。

当代大学生的思想观念和价值理念的差异性在不断增强，使友善价值观引导的目标需求也呈现层次化特征。这种层次化在友善价值观引导目标的设定上，在社会生活和个人生活两个领域的价值要求上，也表现出不同的价值倾向。现实生活中，大学生在对友善价值观认同态度上呈现出层次性需求，这种不平衡不充分的需求矛盾对价值目标设定层次化的"针对性要求"不断增强，需要价值目标理想化的规范化，要求同真实存在的差异化现象相结合，以此来平衡大学生对友善价值观的认知水平与引导要求之间张力。这就需要建立大学生友善价值观引导的分层目标，在"差异化引导"和"针对性引导"相结合的基础上，切实提升友善价值观引导的实效性、针对性和主动性。

二、价值认知的多元化

当代大学生成长在社会转型发展的关键时期，价值认知的多元化倾向造成了部分大学生在精神层面的迷茫和困惑。当代大学生倾心于自己青春的角色，对青春理想的追求和远大志向的抱负使他们成为时代的弄潮儿。然而，价值认知的多元化使他们对错误和落后的价值观缺少理性的认识，引发了他们在价值认识上的分歧，也增加了他们对基本价值选择的困惑。时代的发展需要与大学生价值认知水平的不同步，增加了友善价值观引导方式的难度。

价值认知的多元化对部分大学生带来了负面影响，消解和弱化了他们对友善价值观的践行，对友善价值观的引导和践行产生了不可忽视的影响。因此，对价值认知多元化的现状进行全面分析，具有重要的现实意义。当前大学生价值认知的多元化特征主要表现在：一是价值目标的多元化。随着经济社会的快速发展，友善价值观引导的目标和外延也正在发生变化。随着现代化进程的不断推进，网络虚拟空间成为大学生获取信息渠道的重要载体，互联网的开放性以及精彩多样的生活世界，在给大学生生活和学习带来便利的同时，也为大学生认知友善价值观提供了选择参考和评判依据。二是道德评价标准多重性。价值目标的多元化在带来行为选择多样化的同时，也使大学生对道德的评价标准产生多样化。面对纷繁复杂的社会现象，大学生在道德评价和行为选择等价值判断的坐标上，不再局限于对社会现象进行单一和盲目的价值评价。理想现实化的倾向，使部分大学生的价值追求由注重精神需求转向现实生活，折射在道德价值评价时，使他们能够从不同的角度视野和身份站位，对各种道德现象的评价标准呈现出多重性特征。三是主体选择的多样性。主体选择多样性作为友善价值观引导系统创新的要求，对丰富友善价值观的内容呈现起到了决定作用。在改革开放四十多年来的伟大实践中，多元化价值观念和多样化社会思潮对价值认知产生巨大影响，在主流意识形态领域引发的文化挑战和文化质疑，也影响着大学生的价值认知，使他们在日常生活中，对友善价值观的践行呈现出多元易变的特征，这需要引起我们的注意。

三、价值取向的理性化

价值取向作为一个观念性的运动过程，是友善价值观引导的灵魂和核心，社会价值观念的震荡和变革给大学生个体的价值认知和行为选择带来影响。价值目标理想化和价值认知多元化并存，也给大学生的价值取向带来了深刻的影响。可以说，没有正确的价值取向，友善价值观引导就达不到理想的涵养作用。增强大学生的主体意识，使他们提升友善价值观的知行成效。这种价值取向的理想性，需要友善价值观引导要适合教育规律的转变，使大学生的道德价值取向得到正面引导。

认同是社会发展的精神驱动力，根据对大学生友善价值观知行的实证研究可以看出，绝大多数大学生对友善价值观的认同度较高，他们认同积极向上和友善共生的价值交往理念，反对自私自利和损人利己的错误价值理念。这表明当代大学生能够树立正确的善恶是非观念，以冷静理性的态度来正确看待社会交往中存在的争议问题。随着我国高等教育"外延式发展"和"内涵式发展"的不断推进，以及精英教育向大众教育的转向，当代大学生理性化的价值取向对友善价值认知产生了重要影响，主要体现在以下两个方面：一是使道德评价标准日趋底线化。友善的道德评价标准与友善行为意愿、动机以及责任与义务感关系密切，客观公正的道德评价标准，对大学生友善价值观引导具有重要的启发意义。大学生在日常生活中的友善交往，体现在政治参与、生涯规划、职业选择以及目标定位等方方面面，可以说与以往不同年代的大学生相比，由于时代发展和成长背景不同，当代大学生的追求也趋于理性化。这种理性化表现在人际交往中，他们更倾向于以"平常人"和"平常心"的心态来看待社会交往。二是道德价值理想逐渐淡化。大学生正处于理想信念形成的关键时期，但由于受到许多错误价值观念的影响，使部分大学生在关注自身利益实现的同时，在人际交往中放弃了对道德理想和人格追求，在片面追求物质利益和切实成效的影响下，使得社会关系日益实用化、冷漠化。在对当代大学生友善价值观知行的调查中，我们发现部分大学生存在对社会价值取向和精神追求淡化现象，这对大学生全面发展目标的实现带来了不利影响，应当予以高度重视。

四、价值实现的实用化

友善价值观引导实际上指向的是德性的养成教育，作为社会最富有生命力和创造力的青年群体，大学生友善价值观引导面临着物质主义、消费主义和道德虚无主义等错误思潮的影响。在多元文化和多样价值理念的冲击下，部分大学生对友善价值观的知行，逐渐呈现出实用主义和功利主义的倾向。价值实现方式的实用化，使得友善价值观的规范要求与大学生人际交往方式之间的张力愈发明显，亟待引导大学生正视友善德性养成所带来的力量。可以说，友善价值观的提出，可以帮助大学生正确看待实用化价值理念，并且为大学生友善品行的养成提供重要的思想参照系。

友善价值观践行方式的实用化主要体现在以下三个方面：一是价值目标的短期化，对大学生友善意识的养成，内在心灵秩序的建构带来了不利影响。例如，部分大学生对待"老人跌倒扶与不扶"的价值践行上，呈现价值认知与价值选择的犹豫矛盾，一些大学生在人际交往中依然存在异化和物化的问题，在义利关系的选择上只关心"看得见、摸得着的实惠"。二是价值实现的工具化。市场经济的利益动摇了部分人的理想和信念，工具理性所催生的利己主义和实用主义诱导着人们的反道德行为，在给人们带来道德迷惘和精神贫乏的同时，也给大学生的人际交往带来了不利影响。三是价值取向的世俗化。有些社会道德失范等现象，使部分大学生对实现人生价值观的发展之路产生迟疑，特别是道德相对主义、拜金主义和享乐主义等错误思潮的盛行，成为诱发"精神追求物欲化、人际交往利益化、评价标准物质化"的因素，这种对经济利益和物质享受的世俗化现象，与现代精神文明建设背道而驰，对友善价值观引导带来了不利影响。

第二节　大学生友善价值观引导的困境分析

对大学生友善价值观引导中的困境进行系统分析，能为友善价值观引导成效的提升打下坚实基础，使大学生在人际交往中的"获得感、幸福感、安全感更加充实、更有保障、更可持续"。①

一、友善价值观践行主体意识的淡化

友善价值观在当代社会存在着巨大的价值。然而在现实生活中，友善价值观并没有很好地内化为大学生道德品质的一部分，也未能很好地外化为大学生自觉的行动追求，其主要原因在于友善价值观在大学生群体中的当代践行存在着主体困境：第一，大学生群体中的"不想"与"不愿"作为，导致大学生友善价值观知行存在"边缘化"；第二，大学生群体中对友善价值观知行存在"知行不一"现象，导致大学生友善价值观践行存在"矛盾化"；第三，大学生道德"责任"与"理性"的冲突与对立，导致大学生友善价值观知行的"模糊化"。

（一）大学生践行友善价值观是时代精神的体现

每个时代都有每个时代的精神世界和价值观念，面对新的历史发展方位，要以培养担当民族复兴大任的时代新人为着眼点，这为"培养什么样的人""如何培养人"以及"为谁培养人"指明了目标方向和重要遵循。要成为"有理想、有本领、有担当"的青年一代，就要增强对社会

---

① 习近平：《决胜全面建成小康社会 夺取新时代中国特色社会主义伟大胜利——在中国共产党第十九次全国代表大会上的报告》，人民出版社，2017，第10页。

主义核心价值观的情感信念，在接收、学习多元而广博的文化信息的同时，提升自身素质、储备本领和明辨是非的能力。价值多元化与标准相对性所引发的"选择性困惑"和"信仰性缺失"，使道德领域面临着不少新问题，使大学生对友善价值观的认同出现信仰危机和践行危机。要使大学生成为新时代友善价值观的"坚定信仰者、积极传播者、模范践行者"，[①] 提升大学生践行友善价值观的主体意识显得尤为重要。

友善价值观引导与践行主体的意识有着密不可分的关系，本研究所指的践行主体主要是指当代大学生的单个主体和群体性主体。友善价值观引导主要指向大学生的现实生活和交往实践，通过教育引导将友善价值观所蕴含的价值理念逐渐上升为他们的道德信仰，自觉内化规约为他们内在的思想、行为和生活中。这种价值实践教育模式主要呈现出大学生主体践行友善价值观的自觉性、能动性和意志性等显著特征。大学生对友善价值观的主体践行，对于精准把握和理性审视新时代中国高校人才培养和发展方向的新向度新使命有至关重要的作用。做好大学生友善价值观引导工作是回应时代精神的重要体现，要使广大师生对友善价值观的信仰信念"建立在对科学理论、历史规律和基本国情的理性认同和准确认知上"。[②] 但当代大学生践行友善价值观仍存在着不少的主体困境，这为当前高校的大学生友善价值观引导埋下了隐患。

（二）大学生践行友善价值观的"不想"与"不愿"作为

道德信仰危机削弱了大学生对友善的价值认同，"不想"和"不愿"作为使大学生缺乏践行友善价值观的内在动力。通过对大学生的实证调查可以看到，大学生认为友善价值观践行效果不佳的主要原因是"友善

---

① 《习近平在全国高校思想政治工作会议上强调 把思想政治工作贯穿教育教学全过程 开创我国高等教育事业发展新局面》，《人民日报》2016 年 12 月 9 日，第 1 版。

② 中共中央文献研究室编《十八大以来重要文献选编（上）》，中央文献出版社，2014，第 278 页。

践行的意识淡薄"。在现实生活中，由于受到西方工具理性、价值理性和规则理性的影响，部分大学生践行友善价值观时更多的是关注自己的切身利益或"互惠性心态"的影响，在如何处理与陌生人之间的关系仍受"爱有差等"等传统因素的影响，使友善价值观的主体践行成效不佳。价值践行主体的知行意愿也侧面反映出了社会中存在人际冷漠、友善缺失和人心疏离等负面现象。道德冷漠、道德缺失和道德滑坡等现象使友善知行存在矛盾和张力，对当代大学生践行友善价值观的态度产生了困顿与迟疑。"事不关己，高高挂起；明知不对，少说为佳；明哲保身，但求无过"① 的"自由主义"心态，以及现实利益的影响正在消解着友善价值观践行主体的意志和情怀。由此产生的对友善价值观判断标准不明、判断弱化、行为选择混乱和认知模糊等现象，是造成当前大学生友善价值观"不想"和"不愿"作为的重要原因。

价值选择建立在利益基础之上，这种"只取决于他的利益和他的利己动机"② 的价值选择，更多的是根据时代的需要而形成起来的。作为一种观念体系，友善价值观是人们对于人际交往在价值理想和准则等方面的根本观点和看法。价值观以现实发展的利益关系为生成的出发点和内生动力，"人们总是认同那些与自己的利益、情感和信仰相一致或者相近似的东西"。③ 作为衡量人际交往过程中评判是非、善恶和美丑的友善行为，如果不符合人们的利益和经验，必然会影响人们的价值判断和抉择意志。在对大学生的现场访谈中，当问及"在他人遇到困难是否会主动提出帮助"时，部分学生选择了"没有涉及到自己利益"和"多一事不

---

① 毛泽东:《毛泽东选集》第 2 卷，人民出版社，2009，第 359 页。

② 中共中央马克思恩格斯列宁斯大林著作编译局编译:《马克思恩格斯文集》第 7 卷，人民出版社，2009，第 988 页。

③ 聂立清:《我国当代主流意识形态认同研究》，人民出版社，2010，第 58 页。

如少一事"的选项,从这个问题可以看出,大学生对友善价值观践行意愿上的"不想"作为,这会导致的"善的缺失"从而助长了对"恶的纵容",也会导致社会公众对善行和美德的道德情感无法立足。"虽知不行"与"知行不一"的意愿偏离,使得大学生在践行友善价值观的过程中,容易产生道德责任和道德理性的矛盾和冲突,这种由现代性困境和资本逻辑造成的"异化"现象,是对大学生的审美情趣、交往行为和日常信仰产生全面的侵蚀。在现实生活中突出表现为大学生践行友善价值观的知行不一、责任与理性相脱节以及理想与现实相分离,这些都制约着友善价值观的培育和践行。

(三)知善与行善的分离凸显道德责任与道德理性的矛盾与冲突

在现实生活中,大学生对中国优秀传统文化中所蕴含的"与人为善,善莫大焉""出入相友,守望相助""己所不欲,勿施于人"以及"择友而善,择善而友"等友善思想所有了解,并且都认同这些道德规范是影响日常生活中人际交往的重要因素。大学生"行善"意愿的本质和核心在于道德选择,友善德性作为"一种选择的品质",[①]是由"知善"向"行善"转换的必经环节。当前大学生面临的社会道德环境是极其复杂的,特别是"帮不帮""扶不扶""该不该"等道德选择难题一直是人们探讨的焦点问题,究其原因在于功利主义思想的影响,使得人们开始思考践行道德所要付出的代价和好处问题。"利他主义"作为一种优秀的道德品质,是"'成人'与'成己'的互摄",[②]对人际交往的和谐友善共生具有重要的推动作用。大学生对友善行为的认知和选择,与他们所处的社会环境、生活方式和行为理念等密不可分。但现实生活中因行善使行为主

---

① [古希腊]亚里士多德:《尼各马可伦理学》,廖申白译,商务出版社,2003,第48页。

② 杨国荣:《伦理与存在——道德哲学研究》,上海人民出版社,2002,第143页。

体蒙受损失的社会现象时有发生，这容易让大学生产生对行善的恐慌并重新思考友善践行的合理性。这种知善和行善的分离带来的是人与人之间友善的缺失、信任的丧失和病态的社会生活方式，一旦大学生在践行友善价值观的过程中出现利益受损或知行犹豫时，他们的道德责任和道德理性的矛盾就会凸显出来。

在现实生活中，知善与行善的分离最终凸显道德责任与道德理性的矛盾与冲突，由此会引发大学生对友善价值观知行的迷惘与对立，以及社会生活中公共空间的冷漠、利己友善的追求以及友善行为的退却等现象，削弱了大学生行善的主动性和积极性。与此同时，个体在拥有道德践行的主观意愿时，并不是因为"无知"而不懂价值规范，而是在面临两难境地时，一些行为主体往往处于"知善而不为，知恶却为之"的状态，这也就与古代先贤所追求的道德理想产生了现实的落差感。作为新时代思想道德领域所面临的突出问题之一，主体道德自觉性和道德信仰的缺失，使部分大学生在面对价值判断和行为选择时，放弃了自我的道德责任与信仰，这种冷漠与戾气对大学生树立正确的价值取向带来了很大的负面影响。

（四）当前高校道德教育存在理想与现实的冲突与矛盾

如何摆脱大学生践行友善价值观的主体困境，是当前高校道德教育应该着手解决的主要问题。面对大学生群体践行友善价值观"不想"与"不愿"作为、知善与行善的分离以及理想与责任的退却等难题，首先要从教育入手。近年来，各高校结合自身实际情况开展了形式多样的"友善价值观"主题教育实践活动，这些活动在一定程度上增强了大学生对友善价值观的熟悉和了解。但由于"重智轻德""重理论、轻实践""弱化需求、强调灌输"等现象，纯粹依靠理论式说教和认知式教育，容易导致友善价值观实践教育方式方法陈旧、宣传效果不到位、"以虚制实，厚此薄彼"以及"脱离实际，不接地气"等问题。这些"低效化"现象与其他因素共同作用，忽视了大学生对友善价值观的实际需求和成长特点，不利于及时推动大学生友善价值观引导向实践转化。在传统的道德教育中，教育工作者设置了美好的道德理想蓝图，然而现代性的狂飙和理性的泛滥使社会公众"始终未能确立起现代道德精神的生长点"。[①] 处于功利境界的人们熟知道德理想，但不能将道德文化落实到践行层面，缺乏对受众的心理建构和情感认同，极有可能使美德伦理漂浮于道德理想主义的真空而缺乏现实的道德实践价值。因此，如何树立受众本位的学校实践教育理念，回归道德教育本真和满足大学生成长发展需求和期待，是破解友善价值观向实践转化的重要问题。

二、友善价值观践行外部环境的制约

在当前社会群体思想多样和价值多元的条件下，大学生践行友善价值观面临着客观困境的挑战，这些客观存在的现实困境使大学生"会以为这些情感和观点就是他的行为的真实动机和出发点"。[②] 因此，明晰新时代大学生践行友善价值观存在的客观困境，对做好思想政治工作和不断增强友善价值观对大学生言行举止的影响力和感召力，具有十分重要的现实意义。

（一）市场经济下的逐利情结是大学生友善价值观践行的"顽疾"

当前市场经济体制不断深化、互联网技术日新月异以及经济社会转型所引发的"不平衡不充分"问题日益突出，部分大学生的理想信念被

---

① 王泽应：《伦理学》，北京师范大学出版社，2012，第366页。

② 中共中央马克思恩格斯列宁斯大林著作编译局编译：《马克思恩格斯文集》第2卷，人民出版社，2009，第498页。

现实的物质利益和功利主义所蒙蔽，出现了对待人与人之间的关系摇摆不定、精神深处的理想困惑和价值迷茫等现象。现代社会中所出现的道德迷惘、价值迷失和道德失范等困厄，最终都能从对物质利益的追求中找到突破口。恩格斯曾经指出："一切以往的道德论归根到底都是当时的社会经济状况的产物。"[①] 面对大学生在人际交往需求的多样性和差异性，满足他们对"精神生活追求"的渴望，使他们在现实生活中"获得自己的伦理观念"，成为新时代大学生友善价值观引导的迫切需要。然而，市场经济的逐利情结对大学生的道德认知、道德选择和道德信仰产生的负面效应，使得部分大学生的人际交往逐渐被"见义忘利""从众心理"和"利己主义"所吞噬。[②] 大学生在践行友善价值观过程中，对"义利选择"的冲突已经成为他们践行友善价值观的"绊脚石"，也成为现实生活中友善生活和价值践行的"顽疾"。

（二）理论教育与实际践行脱节是友善价值观践行的"瓶颈"

友善作为人际交往的价值准则与行为规范，与现实生活中大学生存在的趋利避害心理的冲突，似乎成为当前高校大学生友善价值观引导工作的焦点问题。事实上，纵观古今中外的价值观引导和践行，中西方的古代先哲们都主张可以通过教育的方式，成就个体的心性修养和实现价值践行，知先行后、知行合一和执行并进等观点值得当代借鉴。然而，在现实生活中，人们的道德教育更多的还是以说教为主而忽视了价值践行层面的引导，理论教育与实际践行的脱节是大学生友善价值观当代践行成效不佳的"原因之一"。学校的价值观教育是友善价值观践行不可或缺的重要渠道，大学生对友善价值观理念内涵的熟知程度，对塑造理想

---

① 中共中央马克思恩格斯列宁斯大林著作编译局编译：《马克思恩格斯文集》第9卷，人民出版社，2009，第99页。

② ［古希腊］亚里士多德：《政治学》，吴寿彭译，商务印书馆，1965，第3页。

人格和推动价值践行起到了一定的作用。然而，日常生活中大学生对友善交往价值规范的知行存在脱节，道德规范正在发生变化。根据对当代大学生的实证调研发现，不少大学生认为当前学校价值观教育更多的是关注和停留在书本理论层面，而疏忽了如何在社会现实层面上的践行引导，由此引发的不知不行、假知错行、知而不行、知而妄行、错知"叛行"等道德难题，极易造成大学生在道德知行上的"假、大、空"。因此，从实践的观点来看，道德践行是友善价值观认知的真正来源，是当代大学生群体践行友善价值观的前提条件和根本尺度。

（三）道德践行的免责难题是大学生友善价值观引导的"困惑"

现实生活中，大学生践行友善价值观存在的"犹豫"和"徘徊"等状况，很大程度上来源于在友善价值观践行过程中的免责难题带来的客观困境。社会上发生的"老人讹诈""见危不救""老实人吃亏"等现象，容易导致人们对于友善价值观念的信心理念或现有的友善价值理念很难真正内化为主体行动自觉，泛道德化批判思维和审丑的心态削弱了行善的主动性和积极性。从此次问卷调查中可以折射出一些社会现状，例如大学生在回答"扶摔倒老人""公交让座"和"见义勇为"等相关道德问题时，仍有不少学生选择视情况而定，表现出了友善价值观念和行为上的矛盾性，在道德行为方面存在着思想矛盾和困惑。因此，当这种道德践行的免责难题成为困扰大学生在日常生活中的行为选择时，这将在一定程度上阻碍了友善价值观在当代的推广践行。道德免责难题作为当代道德践行中所遇到的普遍现象，由此引发的友善价值观现代践行困境，也是导致大学生友善价值观引导成效不佳的重要原因之一。

（四）道德理想与道德现实的差距是大学生友善价值观践行的"鸿沟"

大学生对友善价值观的认同问题是增强社会凝聚力和道德践行力的重要前提，然而现实生活道德理想与道德现实之间的隔阂成为困扰大学

生友善价值观践行的重要"鸿沟"。通过实证调查可以看出，当代大学生
对成为有道德和有理想的"四有新人"持认同态度，并能将以此作为自
我行动的目标与动力。然而，现实与理想的鸿沟，使部分大学生对友善
价值观的知行呈现不均衡的现象。在现实生活中，践行友善价值观要考
虑的首要问题是大学生的现实需要，这种需要背后的直接原因是什么？
如前所述，当前社会公众对"自身物质利益的关心和追逐"①成为影响友
善价值观践行的主要因素。因此，逾越道德理想和现实之间的"鸿沟"，
需要讲清楚友善精神的超越性与精神生活的现实性之间的关系问题，才
能正确处理社会发展和时代变迁中出现的友善认知模糊和践行难题，使
友善价值观引导重点由社会教化向人文关怀的拓展。只有当友善成为人
们社会交往的某种需要时，才能更好地缓解大学生在面对友善行为知行
中所带来的思想压力和精神痛苦，引导他们正确认知社会生活中的友善
缺失和选择困惑，从更深层次缓解乃至消解道德理想与现实之间的矛盾，
使友善价值观自觉内化为大学生的精神引领。现实社会生活中理想与现
实之间的"鸿沟"，使大学生在一定程度上仍然存在友善价值观认同危机，
要避免二者之间的张力使大学生形成对友善价值观的正确理解和评价。

（五）外来文化与本土文化的冲突与融合对大学生友善价值观引导的
"冲击"

多元文化相互交融与相互激荡，为友善价值观引导带来了新变化和
新挑战。作为影响友善价值观践行的外在客观因素，使大学生在接受和
选择友善价值观时"处在冲突甚至混乱之中"。②从价值文化的视角来看，

① 刘建军:《"减压"：现代思想政治工作的重要职责和功能》，《思想政治工作研
究》2012年第3期，第49页。

② [加]查尔斯·泰勒:《自我的根源：现代认同的形成》，韩震等译，译林出版
社，2001，第33页。

多元文化是从传统社会向现代社会进化中的"衍生品","自由主义""个人主义"和"价值虚无主义"等勾勒出的"生活图景"和秉持的"价值理念",对中国传统文化带来了冲击与影响。有部分人在中西文化的交融之中缺乏对自我发展和自我实现的关注,同时出现了主体与价值的知行疏离、方向不明和引导不力等冲突。同时,"自由主义"等西方价值理念,在分化和动摇大学生理想信念和文化自信心的同时,也在"离间人们的凝聚力,消磨斗志"。[①] 在文化的多样发展和价值取向的多元化的格局中,不少负面信息乘虚而入,使部分大学生在友善行为认知和选择上感到困惑和迷茫,导致少部分人在价值选择层面出现了理想错位、道德失范和友善缺失等问题。多元文化对本土文化的冲击与摩擦,是友善价值观客观践行效果不佳的一个原因。

(六)互联网时代对友善价值观引导带来的挑战

移动互联网技术的发展和社会交往模式的变迁,网络空间虚拟化的生存方式,对大学生的生存方式和交往模式则带来了新的挑战。网络交往方式的不确定性、生存价值的多元化和人际交往对象符号化等问题,容易导致大学生是非观念、价值取向和政治立场的模糊和迷茫。面对网络科技所带来的"物化"和"异化"现象和风险,需要进一步廓清网络环境中的错误思潮和文化陷阱,提高新时代大学生友善价值观引导的实效度。当前,互联网时代大学生友善价值观引导所面临的客观现实困境主要表现在以下三个方面:

第一,大学生获取信息的"碎片化"现象,造成了社会主义核心价值观引导的技术载体缺失和信息选择失衡。根据实证调查显示,当前大学生对于网络信息的选取更多是接受"自己喜欢的内容,而忽视其余信

---

① 韩庆祥、王海滨:《"伟大斗争"的基本内涵及新形式、新特点》,《马克思主义研究》2014 年第 11 期,第 9 页。

息"的"窄化"现象，而网络信息传播的瞬时性和"快餐化"为大学生自我呈现和表达需求的满足提供了极大的便利性。这种缺少精准化、体验感和整体性的信息传播，使得网络空间表达诉求方式呈现标签化和情绪化等传播特征。这种感性体验为主的价值倾向，弱化了受众主体接受和处理信息的连贯性和反馈感，逐渐消解了现实生活中友善价值观的思想基础，不利于把握友善价值观引导的"时、效、度"。另一方面，主体价值取向的变化所引发的教育模式目的与引导方式方法的出现"隔阂"，使得二者之间缺乏整体性观照和宏观性视野。面对网络空间中价值观引导多元性、多样性和多变性的特性，友善价值观的网络引导需要将具体的样态发展和要素研究融入网络人际交往之中，以此来提升引导融合过程中的资源整合度和推动友善价值观引导的吸引力。现实空间与虚拟空间的场域转换缺乏基础性探索和公共性融合，使得对大学生对友善价值观"知"的普及和"情"的渲染缺少持久关注度和引导有效性，网络空间与现实生活中对友善价值观认同很难实现真正"融合"与"回归"。

第二，互联网传媒对信息内容"机械复制"现象，使高校社会主义核心价值观教育主体能力欠缺和教育内容供给失衡。互联网技术的更新和进步，在改变大学生信息接收方式的同时对他们的价值认同也带来了冲击，被动式的"机械复制"削弱了大学生的价值判断力和主观能动性，使社会主义核心价值观教育在网络空间的话语传播存在"失声"和"失语"的困境：一是教育理念和教学内容不能满足大学生对主流文化的认知。高校作为大学生社会主义核心价值观教育的主阵地，教师主体能力的欠缺所引发的社会主义核心价值观教育内容供给不足和缺少网络德育载体等问题，制约着大学生社会主义核心价值观教育形式从课堂向互联网领域的拓展。同时，部分高校对开展的社会主义核心价值观实践活动存在的误区，往往是在"相互借鉴"模式的基础上忽视了对活动内容和形式的创新，使社会主义核心价值观教育实践活动出现重复固化现象。二是对友善价值观信息传播的"机械复制"，成为互联网时代高校开展社会主义核心价值观引导内容供给失衡的重要原因。由于教育主体缺少对时代特征和学生需求的关注，"一元性"的简单传播与"多元化"的学生需求之间的矛盾愈发明显，削弱了大学生对友善价值观的情感认同和价值追求。面对海量的网络信息和不同学生群体的成长要求，信息单一化的"机械复制"忽视了大学生的对社会主义核心价值观的认知心理和情感依托，不利于从微观叙事的角度把握友善价值观网络传播的方向性和时效性。

第三，"资本逻辑"引发了互联网传播的复杂环境和监管力度欠缺的失衡。互联网在文化传播过程中呈现的多元化、功利化和泛娱乐化等现象，无形之中削弱了社会主义核心价值观的凝聚力。一方面，当互联网成为资本逐利的一种手段而全面渗透到文化价值观领域时，必然会产生文化交集和文化碰撞等状况。资本驱动是商业社会运行的本质，当互联网在这种"资本逻辑"运行的影响下，其功利化、娱乐化和快餐化的价值信息输入必然会影响社会主义核心价值观的有效输出，使大学生成为商业利益的思想俘虏。这种掩盖价值真相对营造清朗网络空间、渲染社会正能量和社会主义核心价值观功能的有效发挥造成了不利的影响。另一方面，对互联网的监管不足成为"资本逻辑"条件下暴露的现实问题。当代大学生作为"网络原住民"的重要群体，其价值理性、价值诉求与网络道德素养的缺失、对信息的需求和信息质量信息供给之间的矛盾越发凸显，这对互联网信息的监督问题提出了严峻的挑战。同时也对做好大学生友善价值观的网络引导，如何拓宽教育载体和搭建信息反馈渠道提出了新的要求。

三、友善价值观践行存在伦理权威的弱化

友善价值观伦理权威的丧失，使大学生面对价值选择时容易产生争论和分歧，而这种分歧争论的"最显著特征是其无终止性"。[①] 作为当前思想道德领域的突出特征，异质性和多样性的表达引发的对主流意识形态"合法性"信仰的争论，需要社会主义核心价值观所蕴含的伦理权威来维系。在经济与社会转型时期，传统友善理念与工具价值理性的冲突和影响，稀释了友善道德文化的伦理权威，消解了大学生对友善价值理念和道德规范的认同感。大学生对友善价值观认同"最棘手的问题依然是合理性问题"。[②] 合理性问题成为当前做好大学生友善价值观引导工作最棘手的问题。友善价值观当代践行的主要源自三个方面：一是现代伦理权威的"边缘化"；二是中华传统核心道德理念的"断层"；三是中国道德文化中所蕴含的友善价值理念尚未能融入社会主义核心价值观的培育和践行之中。

中华传统文化蕴含的精华和合理成分，为当前践行友善价值观提供了可借鉴的文化资源。因此，在大学生友善价值观引导过程中，我们应当在坚持马克思主义指导和坚持社会主义发展方向的同时，不能忽视传统友善文化和伦理价值对建构友善价值观的基础性作用，让大学生能够正视多元文化和社会思潮背后的错误倾向和价值导向，克服信仰危机和理想缺失的人际交往危机。正如张岱年先生所指出的："否定中国文化传统的结果，最终酿成了一系列恶果，造成了'断裂的一代''西化的一

---

① [美]A.麦金太尔:《德性之后》，龚群等译，中国社会科学出版社，1995，第9页。

② [美]劳丹:《进步及其问题》，刘新民译，华夏出版社，1990，第116页。

代',造成了对传统文化没有温情和敬意、失落迷茫的一代。"① 换言之,要树立社会主义核心价值观的伦理权威,使人伦关系变成友善平等的人际关系,提升大学生对友善价值观的认同感、信仰度和践行力。

当前,中国正处于社会转型的关键时期,社会关系在不断变化和发展。价值观践行机制是一种稳定的实践模式,价值观践行策略则更多表现出当下的、暂时的实践特征,因此需要建立二者在友善价值观践行过程中的保障机制,才能实现友善价值观在大学生群体中的当代践行。"从形而上的道德文化合法性的论证说明机制;到有教无类、立德树人的道德个人考核机制;再到崇贤明、举孝廉的道德推举评价机制。"② 这为当今大学生友善价值观引导的有效开展提供了价值借鉴。然而,从现实层面来说,当前大学生友善价值观引导缺少必要的践行机制和策略,这在很大程度上导致了友善价值观在大学生群体中的当代践行存在困难。这种困难主要体现在以下两个方面:一方面,由于没有合理的立教制度、缺少宣传友善价值观的策略、缺乏友善价值观引导的榜样示范策略、缺失价值观践行的环境和土壤以及没有符合时代发展需求的价值践行策略,这些都容易导致友善价值观践行效果的不足;另一方面,社会主义核心价值观践行机制的缺失,使价值观践行的策略得不到良好的运行和保障,如践行激励机制、评价机制、监督机制、法律机制以及预警机制等,这些都制约大学生友善价值观在当代社会的有效践行。在现实生活中大学生对友善价值观的知行存在一个共性问题,即不少大学生对友善往往存在"知其然,不知其所以然"的价值困境,这种价值判断和行为选择缺少必要的践行机制和策略,也是造成大学生友善价值观引导难题的重要

---

① 张岱年:《文化与价值》,新华出版社,2004,第40页。

② 李建华:《中国道德文化的传统理念与现代践行研究》,经济科学出版社,2016,第343页。

原因。因此，新时代做好大学生友善价值观引导工作，必须要将大学生对友善价值文化的信仰作为制定价值观践行机制和策略作为关键一环予以确立。

第五章 ｜ 当代大学生友善价值
观引导的规律和机制

作为"一种主体性的、体现着主体内在尺度的意识"，[①] 自觉探索和遵循友善价值观引导的变化发展规律，是提升友善价值观引导的实效性和针对性的必要条件。面对当前大学生友善价值观引导中存在的问题与困境，我们要在把握友善价值观引导规律性认识的基础上，开展相关的理论研究和实践探索。唯有如此，才能更好预见友善价值观引导实践活动的趋势和方向，健全友善价值观引导机制和载体，为大学生道德自觉的实现和不断发展创造条件。

---

　　① 李德顺:《价值论——一种主体性的研究》，中国人民大学出版社，2013，第124页。

第一节　大学生友善价值观引导的规律

规律是事物之间的内在的必然的联系，这种关系往往决定着事物发展的必然趋势。价值观引导所要处理的是人们对事物、行为、制度等的态度、观点、立场、价值取向，目标是要达到全面的、健全的认识，[①] 是以人们的思想品德形成发展和对人们进行思想政治教育的规律。[②] 要使引导工作取得预期成效，一定要使友善价值观所要传递的思想观念和行为取向得"思想合于客观外界的规律性，如果不合，就会在实践中失败"。[③]

一、友善价值观引导主客体的交替与互动规律

友善价值观引导作为思想政治教育的有机组成部分，总体目标是提升大学生在人际交往过程中的主观能动性，促进大学生的全面发展。友善价值观引导主客体之间的交替与互动客观规律和要求，需要教育主体根据教育客体的不同层次和阶段制定不同的教育目标，以此此更好地适应教育环境的多样性和复杂性变化，在友善价值观引导过程中实现原则坚定性和方式可行性的统一，达到大学生友善价值观引导的预期成效。

从教育系统与教育过程的角度看，友善价值观引导的主客体关系是交替式的复合关系。友善价值观引导教育应当改变传统思想道德教育所

---

① 高国希：《关于思想政治教育方法的思考》，《思想政治教育研究》2011 年第 6 期，第 31 页。

② 张耀灿、郑永廷等：《现代思想政治教育学》，人民出版社，2006，第 5 期。

③ 毛泽东：《毛泽东选集》第 1 卷，人民出版社，1991，第 273 页。

强调的单向传输，更多关注在引导过程中教育主体与客体之间的双向互动关系。在改变传统课程传授友善价值观知识的同时，建立开放、动态和有明确价值追求的友善价值观引导目标体系，为个体友善行为的营造良性互动的环境。要以大学生的思想特点和成长规律为依据，强调友善价值观引导过程的双向性与教育主客体平等性之间的协调关系，为友善价值观创造良好的引导环境，在友善价值观引导过程中为实现更深层次的协调和认同目标做准备。马克思曾生动地指出："我们所阐述的自然要取决于阐述的对象。"①这里所指向的对象是友善价值观引导中的教育主客体关系。在教学过程中，教育主客体关系也存在多种维度的差异性，在价值取向上也面对着多样化的目标诉求。友善价值观引导需要观照和回应教育主客体之间的价值取向和现实需求，根据引导环境和利益需求的变化，建立符合教育主客体间良性互动的主导关系并在情感上认同友善价值观。友善价值观引导的教育使命，是在完善受教育者内在的动力系统和知识系统的过程中，激发教育主客体对真善美的主动性追求和假丑恶的自觉性抵制，以此建构人们的核心价值体系。在安排教学内容、营造教育环境和寻求教育举措等方面，要充分考虑教育主体和学习主体对价值认知、反馈和接受的差异性，使人们对友善价值观的知行意行产生不同的效果。因此，在激发学习主体的动力系统和知识体系的过程中，突出友善价值观引导的科学性和先进性特质，正确揭示隐藏在其中富有规律性的内容。可以说，在友善价值观引导过程中，教育主体和学习主体能动性的发挥，对创新友善价值观的引导方式和成效至关重要。尤其是在大学生友善价值观引导过程中，教师对教育的信仰与人格魅力是调

---

① 中共中央马克思恩格斯列宁斯大林著作编译局编译:《马克思恩格斯文集》第1卷，人民出版社，2009，第253页。

动学习主体能动性的价值动力。[①]

"理论只要彻底,就能说服人。"[②] 友善价值观作为思想价值性的理论教育,只有先说服人才能起到教育人的效果。从友善价值观引导的视角来看,教育主客体的关系是一种双向互动的关系。友善价值观引导过程作为一种价值传递和精神活动过程,在这个复杂的动态系统中,统筹推进引导者、引导主体、引导客体、接受媒介和接受环境等要素。在帮助大学生认知现实生活中人际交往现象的基础上,明确教育主客体之间的任务、关系和条件的变化,在双向的对话中把握两者的互动和道德的再造。

二、友善价值观引导过程的有机性与渐进性规律

友善价值观引导过程,是教育者根据德育目标要求和受教育者价值观形成发展的规律,通过有目标、有计划、有组织的教育影响,对教育对象进行知情意行的相互转化和不断递进。友善价值观引导对于不同的个体来说,由于教育起点、转化条件和递进程度的差异,在有机性和渐进性规律的发展趋势下,能够将"一定社会的思想观念、价值观点和道德规范转化为受教育者个体的思想品德"。[③]

(一)友善价值观引导过程的有机性

友善价值观引导过程的有机性可以从其外部联系和内部联系两个方面来予以理解:

首先,从友善价值观引导的外部联系来看,主要是指友善价值观引

---

① 李萍:《现代道德教育论》,广东人民出版社,1999,第216—217页。

② 中共中央马克思恩格斯列宁斯大林著作编译局编译:《马克思恩格斯文集》第1卷,人民出版社,2009,第11页。

③ 罗洪铁、张丽华:《思想政治教育过程规律的探讨》,《探索》2004年第3期,第90页。

导过程的外化阶段。教育主体将家庭、学校和社会三者有机联系在一起，同时制约受教育者对价值观认知的外在因素，通过特定的社会实践活动将其外化为正确行为，为教育主体做好友善价值观引导指明正确方向。友善价值观引导的有机性，需要根据现代社会外部环境和联系方式的变化，增强社会、学校和家庭三者之间的有机联系，以此适应思想政治教育内容、环境和认同影响因素的变化。虽然社会、学校和家庭所承担的职责不同，但在友善价值观引导中的渗透交融促使了三者有机整体的形成。可以说，友善价值观引导的外部联系，对受教育者的价值引导的作用直接体现在促进、激励和规约等方面，这种有机联系使得各个载体之间所承担的教育功能得以相互补充。然而在引导过程中，伴随着三者必然性的削弱、偶然性和多发性因素的存在，需要用科学理论来抵制消极因素的影响。因此，友善价值观引导身处于开放发展的动态性社会大环境中，针对其外部联系的不可控性和易变性等因素，需要教育者明确学校道德教育的现实定位，以正确思想和态度对待外界因素的消极影响，在友善价值观引导的目标、内容和功能定位的基础上，对制约和影响受教育者思想外化和行为养成的负面因素，进行及时识别和自觉抵制，并不断巩固和完善受教育者的正确思想。[1]

随着时代的发展和教育环境的变化，应当围绕大学生不同阶段的成长特点开展具体的引导实践活动。这种引导切入点和认知现状的同步性，需要在引导过程中将大学生对友善价值观的普遍认知作为其引导的逻辑起点，逐步提升大学生在"适应超越"过程中的思想境界。作为贯穿于友善价值观引导过程始终的渐进性规律，不仅能够将友善价值观的理念内涵和行为准则在教育实践中予以实现，而且能够在激发大学生践行主

---

① 李萍:《现代道德教育论》，广东人民出版社，1999，第 221 页。

动性的基础上，增强大学生对友善价值观的认同，使二者在价值共识中形成同向的践行能力。因此，要引导大学生达成对友善价值观的知行认同，这就需要在不断满足大学生人际交往需求的基础上，根据差异化引导的价值理念，实现大学生在知行上的统一，充分展现友善价值观的生命力和影响力。

第二，要克服当前友善价值观引导教育中存在的"重片面提升，轻全面发展的问题"，需要重点把握的引导目标的"全面性"与过程阶段的"片面性"二者之间的关系。[①]友善价值观引导以及教育内容的特殊性，需要在社会需求、教育者要求以及受教育者的思想品德发展三者之间形成教育合力，这样才能使引导目标回归人的全面发展和人才培养的重要使命。在友善价值观引导过程的渐进层次上，包含着对大学生行为习惯的养成教育、思想方法的引导教育以及创造能力的激发等。可以说，友善价值观引导目标的全面性需要在渐进过程中逐步实现，要培养社会要求的合格人才，应当克服友善价值观引导的片面性追求，应当充分认识到教育主客体在渐进性规律中的角色、地位和作用，避免友善价值观引导过程中出现畸形化和形式化等问题。

教育者和受教育者之间在价值认知和思想品德素质发展状况之间的差距，作为友善价值观引导教育过程的基本矛盾，对引导过程目标的达成带来了一定的影响。要解决这一矛盾，应当从实际出发，回归友善价值观引导教育本真。增强学生作为精神主体成长的内在素质与能力，[②]正确看待受教育者的阶段成长和身心发展规律。一方面，由于大学生成长阶段的差异性，在不同的年龄阶段上，对友善价值观的认知和接受程度

---

① 李萍：《现代道德教育论》，广东人民出版社，1999，第 232 页。

② 李萍、童建军：《当代中国马克思主义教育的返本归真》，《马克思主义研究》2012 年第 5 期，第 141 页。

也呈现差异性；另一方面，大学生在不同阶段对思想道德教育要求和需求的差异性，应当根据其身心发展的规律和特点，协同推进友善价值观引导的实践进程，为化解大学生人际交往冲突寻找依据。可以说，友善价值观引导作为一个有机统一的过程，应当确保不同阶段引导目标的具体内涵契合其教育目标的特殊性要求，将教育过程的有机性同引导目标的特殊性进行有效衔接，在着眼于大学生全面成长成才的基础上，彰显友善价值观的本质优越性。

三、友善价值观功能的规范性与引导性的契合规律

规范作为群体所确立的行为准则和标准，具有维系群体成员的交往联系和认知标准化的功能，对强化人们对道德规范的认同和道德效应的形成具有重要的规约作用。友善价值观所体现的人际交往的社会规范，需要根据时代的发展变化而呈现出不同的标准与规范，实现大学生对人际交往规范的遵守与适应。因此，友善价值观规范性功能的发挥，应当着眼于时代发展的诉求，使友善价值观引导在现实中发挥向个体传导社会规范的功能。发挥友善价值观功能引导的成效，需要在符合社会发展规律的前提下，激发个体内在认识能动性，促使被引导者形成思想观念的转变和优秀品德。友善价值观功能的规范性与引导性的有机契合，要在时代对大学生成长成才所要求的素质基础上，成为引导大学生友善行为选择和价值践行的关键性力量。因此，传统道德教育与新时代友善价值观引导区别就在于，前者是强调社会规范对个体人际交往单向的约束作用，后者更强调激发个体在人际交往中的能动性，以此引导大学生对友善价值观知行的规范性认知。

第一，个体选择空间的放大，要求个体具有更高的道德责任。显然，

在开放社会中，只有将友善价值观的规范性要求和引导性路径相结合，并将友善价值观内涵要求付诸个体之中，友善价值观引导才能发挥更好的成效。道德意志形成和选择空间具有同质性和个性化的差异，在规范目标与现实合理之间的选择过程中，主要取决于道德主体的意志自由，而这种"自由"权力的实现必然包含履行道德责任。在道德实践的层面上，道德责任是道德必然性的表现。因此，在某种意义上，意志自由的发挥程度与其道德责任感是成正比的。没有道德责任就没有真正的意志自由，这是人的主体性的内在标志之一。可以说，开放社会的道德选择具有多样性、个性化，道德的实现合理性与目标合理性的弹性越大，道德主体的责任意识就越重要。道德责任不仅是道德必然性的要求，同时还是实现个体道德选择的保证。在这个意义上，道德对主体的约束则更多地表现为外在必然性转化为内在必然性的自我约束上。[①]

第二，个体价值判断自主意识的提升，道德选择方式应更个性化。现代社会的多元性，在客观上为道德选择方式提供了更多的可能性。任何社会的道德选择方式都不可能是单一的，但却总有一种主要的倾向，而这种主要倾向往往反映一定发展阶段上社会生产方式的特征，反映社会价值观的变迁。现代社会的发展打破了传统社会的单一模式格局，这在客观上要求人们具有更自主、更自觉的道德判断、选择和把握能力。在现代开放的社会条件下，要关注友善价值观引导中呈现的认知规律，特别是将"需要驱动律、实践反映律和社会互动律"[②]等融入其中，注重友善价值观的时代内涵同道德选择和教育的内容方式相结合，在关注人的全面发展的需求中，增强大学生的道德责任感和自律性。在探索引导

---

① 李萍：《现代道德教育论》，广东人民出版社，1999，第242—243页。

② 屈陆、戴钢书：《思想政治教育认知形成的基本规律》，《思想教育研究》2017年第1期，第4页。

需求和规范要求变化的基础上，坚持个体价值和社会价值相融合的集体主义价值导向，这样个体的道德选择才能获得更大的自由。

第三，道德教育与个性教育。友善价值观引导作为道德教育的重要组成部分，应该通过对个体思想品德的培养来促进个性的全面发展。随着人类自我意识的提升，道德教育与个性教育二者之间相互联系又有区别。一方面，完整的个性应当包括思想品德，思想品德是个性的信念、人生观等具有道德评价意义的部分，思想品德结构与个性结构有很大的重叠性，它的形成与发展不能离开个性的发展。反之，思想品德的发展又会促进个性的不断成熟和完善。另一方面，思想品德与个体心理在内容范围、表现形式等方面却又有不同之处：思想品德是个性中具有价值判断意义的部分，其表现形式为世界观、政治观、人生观、道德观等及其相应的情感、意志和行为；心理表现形式是感觉、知觉、记忆、想象、思维、情绪、情感、意志、兴趣、态度、能力、气质、性格等。因此，不能简单地把个性问题归为道德问题，用道德教育取代个性教育。同时，又不能把个性教育当作纯粹的心理教育，必须注重思想品德的倾向性在个性塑造中的作用。中国道德教育往往容易注重道德教育而忽略个性教育，即强调道德教育中的统一规范性，忽略道德教育的个体引导性。而西方则重个性教育，忽略道德教育，或强调道德教育中对个体的激发引导，而忽略规范性。因此，友善价值观引导过程还应当注重规范性与引导性的有机契合。

第二节　高度重视大学生友善价值观引导机制

大学生友善价值观引导作为落实高校"立德树人"战略任务、整合多元价值取向、树立共同价值理想的长期系统工程，其培育和践行的过程，就是友善价值观由知识体系向自觉行动的转化过程。要实现这一转化，关键在于建立有利于友善价值观引导的长效机制，增强大学生践行友善价值观的自觉性和主动性。"机制"就是"带规律性的模式"，[①] 一般泛指一个工作系统的组织或部分之间相互作用的过程和方式，并对事物整体发展变化的方向和状态起着决定性的作用。破解当前大学生友善价值观引导的难点问题，优化大学生友善价值观引导机制，关键在目标，内核在动力，重点在运行，使友善价值观真正被大学生"熟知于心、践之于行"。

一、明确友善价值观引导的目标机制

友善价值观引导目标即人们对友善价值观认知、接受并践行所要达到的预期结果，是人们道德品质和行为方式在未来发展的一种预期。作为维系社会稳定和人际交往长期和谐共存目标的实现手段，应当将友善价值观引导置于建构合理机制的总体框架内，才能更好明确其基本价值取向和价值判断，实现社会良性发展和人际交往的友善共生。友善价值观引导的目标机制具有明确的目标指向，一是为友善价值观引导明确了

---

① 鲁洁、冯建军：《教育转型理论、机制与建构》，教育科学出版社，2013，第145页。

目标和方向；二是能够帮助人们清晰预见友善价值观引导所要达到的成效。可以说，友善价值观引导作为一个复杂的系统工程，其良性运转的重要前提就是明确和优化目标机制。现阶段，大学生友善价值观引导的目标机制主要体现在以下方面。

（一）多元主体的诉求：友善价值观引导目标的独立性问题

大学生友善价值观引导作为人的一种主观目的性行为，对于整个友善价值观引导系统而言，引导目标是其得以维系运行的逻辑起点。在当代中国，人们在从传统熟人社会向陌生人社会转型的进程中，必须处理好陌生人社会中的人际交往这一时代课题。然而，在客观实践中也必然存在人际交往的异化问题，在这些影响因素和问题中，友善价值观引导目标的独立性显得尤为突出。由于受到功利主义价值观、传统与现代二元冲突所带来的利益重叠、公私界限不明朗等现实因素影响，导致人们在"公共生活"领域中缺乏情感归属，缺乏对"共同善"的追求，以至于人际交往附庸于其他社会交往系统之中。生活场域的人际交往不仅是为了践行友善价值观，更是为了友善交往以外的其他目的，并对于当前大学生友善价值观引导而言，如何使友善价值观引导系统的目标机制融合到集体共识之中，尤其是满足教育主体和客体等多元主体之间的利益诉求，实现友善价值观引导多元联动和相互制衡的状态，这是友善价值观从"公共生活"向"共同善"转向的第一步。

现实之中仍存在这样一个问题，就是当前许多培育和践行友善价值观的制度政策与友善价值观引导本身需要有一定的"鸿沟"，特别是在学校教育的微观场域中，对当前友善价值观引导问题的诊断和矫正都是按照传统思维和行政导向予以进行，传统灌输式的话语表述和单一教育主体的话语独白，并不能使友善价值观的真实蕴意为大学生所接受。这种引导手段的选择，为建成友善价值观引导的目标机制带来了一定的负面影响。可以说，大学生友善价值观引导的目标机制是多主体相互联动和制衡的结果，这就需要从友善价值观引导的本真出发，满足多元主体在人际交往中对友善价值观的现实诉求，也是在大学生友善价值观引导系统中寻求自身独立性的重要前提，避免友善价值观教育及引导系统发生异化现象。

（二）人的主体性确立：理论与现实的对搏

友善价值观引导作为日常生活中一种理性的价值意识，其本质是通过承载友善价值观"理想性要求"和满足现实交往的一个重要方式。友善价值观引导系统在现实中理论与实践的分离，由此所带来的手段与效果之间矛盾，旧方法与新问题、"面"上教育与"点"中效果、理论灌输与品格养成之间疏离，使得友善价值观引导的精神需要与满足现实人际交往的张力愈发明显。"理论是灰色的，而生活之树是常青的。"① 实现日常生活中大学生的精神需要与满足形式之间的一致性，需要在引导的方式方法上将思想的东西生活化。因此，通过"闻斯行诸"和"物之不齐，物之情也"的教学理念和要求，满足不同层次大学生对友善价值观的思想需求，推动其基本理念由社会本位向现实生活延伸，使大学生形成积极健康的精神追求和生活方式。与此同时，在解决二者之间一致性疏离的问题上，一方面改进友善价值观引导的社会化价值，协调好价值观引导的一元化教育与大学生思想多元化之间的张力，更好地满足大学生精神世界发展的内在需求；另一方面，根据大学生的实际思想情况的变化，转变友善价值观引导的方式方法，用稳定完备的思想体系作用于教育对象，增强大学生友善价值观引导教育的有效性和针对性，促进大学生自觉接受并养成友善德性的行为习惯。因此，大学生友善价值观引导实践

---

① 中共中央马克思恩格斯列宁斯大林著作编译局编译:《列宁选集》第 3 卷，人民出版社，1995，第 381 页。

要在注重人的主体性回归的情形下，实现友善价值观引导理论与实践二者的有机统一，才能实现友善价值观引导系统要素之间关联的目标方向。

（三）人之本质的回归：个人全面发展

作为满足人们对人际交往的精神需要活动，友善价值观引导具有一定的交往动机和目标指向性，可以说，在某种意义上是一种人的本质回归。马克思曾对"人的本质"做出了生动地概括，并指出"在其现实性上，它是一切社会关系的总和"。[①]对于个体而言"他们的关系是他们的现实生活过程的关系"。[②]大学生友善价值观引导的时代使命，就是帮助大学生正确看待纷繁复杂的道德现象，在引导大学生做出正确价值选择的同时，使其真正回归到人的全面发展这一永恒主题上来，从某种意义上而言，人的本质回归是友善价值观引导最为根本的宗旨，其引导的根本方向就是"人"的回归。在马克思眼里，人的自由全面发展得以实现的一个重要特征，是"人的需要的丰富性具有什么样的意义……人的本质力量得到新的证明，人的本质得到新的充实"。[③]就人的价值而言，友善价值观引导成效好坏对人们在现实生活和社会交往中伦理精神的重建至关重要。友善价值观引导目标作为践行主体在道德实践活动所要达到的终极目标，实现人的自由全面发展是社会主义制度优越性的集中体现。因此，对于新时代大学生友善价值观引导而言，对抗功利主义价值观和各类不良社会思潮的挑战，潜移默化地影响和提升大学生对友善价值观的认同度，最终实现人之本质的回归，这不但是我们对教育的认知，更

---

① 中共中央马克思恩格斯列宁斯大林著作编译局编译：《马克思恩格斯文集》第1卷，人民出版社，2009，第501页。

② 中共中央马克思恩格斯列宁斯大林著作编译局编译：《马克思恩格斯文集》第1卷，人民出版社，2009，第587页。

③ 中共中央马克思恩格斯列宁斯大林著作编译局编译：《马克思恩格斯文集》第1卷，人民出版社，2009，第223页。

是我们对人之本质的认知。但由于大学生群体知行差异性的存在，友善价值观引导目标对于大学生来说就要体现时代要求，并将此贯穿于实现大学生的全面发展之中。换言之，这种目标认知更要转化到新时代大学生友善价值观引导中，在不断丰富和完善的实践进程中，将实现个人全面发展与社会全面进步作为他们追求的终极目标。

二、健全友善价值观引导的动力机制

动力机制是引导大学生认同和践行友善价值观的关键，健全新时代大学生友善价值观引导的动力机制，是坚持"立德树人"为中心的前提下，通过"不同层级的推动力量以及他们产生、传输并发生作用的机理和方式"，[①]激发新时代友善价值观引导的内生动力。作为贯彻落实"三全育人"的教育格局的重要环节之一，其成效的好坏需要科学的动力机制作为支撑，也是开展友善价值观引导必须回答的深层次问题。

（一）健全激励评价机制，建构满足主体发展需要为核心的内驱机制

内驱机制的建构是以满足个人的需求为出发点，并伴随着复杂的思想活动和动态创造活动。友善价值观引导的最终归宿是培养担当民族复兴大任的时代新人，其引导内驱机制应当从实现人的全面发展为着眼点，以引导大学生澄清理论误区、提高思想鉴别能力为着力点，以成长愿景和精神激励满足大学生的成长成才之需。因此，如何持续推进新时代大学生友善价值观引导的内在驱动力，建构科学的内驱机制是根本性的内在动力源泉。

友善作为人们在道德践行进程中普遍存在的一种要素和活动，其健

---

① 王浩斌：《马克思主义中国化动力机制研究》，中国社会科学出版社，2009，第9页。

康良性的激励评价机制明确了"谁激励"和"激励谁"的主客体问题，能够对人们进行价值内化和行为转化具有价值引领功能。道德激励评价机制是引导社会公众参与思想道德建设的一种重要形式，是社会公众实现自我道德教育的一种重要方式。大学生友善行为激励评价机制，是指政府在引导和宣传友善价值观的过程中，依据一定的评判标准和激励方式，通过其特有的形式和手段，激发友善行为或抑制伪善行为。健全激励评价机制体现了对友善道德行为的认可，是善行、善意的外在保障和持续动力，对丰富和充实主体精神世界具有重要的激励价值。因此，以怎样的激励评价方式来引领友善价值观，成为思想道德建设协同共治机制的关键。要充分发挥道德激励评价在新时代提升社会文明程度的引领作用，应当做好以下几方面发挥其具体效能：

第一，寻求友善价值共识，发挥道德激励评价机制的正面引领功能。友善价值观包含人们对崇高道德境界的追求，对人们在现实生活的友善行为的意愿和践行具有重要的引领作用。然而，在现实生活中，道德激励评价方式更多地仍是在"不自觉的形式"下进行的，存在创新性缺乏、整体性不足、普遍性欠缺和评价机制薄弱等问题，削弱了对好人好事应有的激励评价作用。要发挥道德激励评价对友善价值观的引领功能，一是要将其融入大学生的日常生活中，建立友善行为回应与评价机制。在保障友善行为主体合理利益的前提下，培养友善受助客体的回应习惯和发挥社会的正面评价导向，满足大学生对践行友善行为的自我肯定和精神升华。二是要建构相应的国家社会激励奖励制度体系，并将其融入社会生活中，提升奖励激励制度推行的深度和力度。通过创新激励评价机制，适应友善行为实施主体多元化、多样化和大众化的需要。协调官方组织和民间组织对友善激励行为的作用，使其在符合思想道德建设内生规律的基础上，加大对见义勇为、施善行为和道德榜样等的正面激励评价。三是树立践行友善价值观的先进典型。先进典型展现了道德激励评价的真正规律,应当充分发挥道德典型在践行友善价值观的"标杆效应",在提高大学生的向往度和参与度的同时,使大学生用自己的言行举止回应新时代的道德要求,让友善价值观产生社会道德共鸣,成为大学生自觉的行动追求。

第二,建立道德激励评价的规范体系,增强对社会道德生态的维护。党的十九大将"社会文明程度达到新的高度"和"社会充满活力又和谐有序"作为实现社会主义现代化的目标,友善价值观以其特有的价值规范和理念内容能够成为实现这一目标的"助推剂",这就需要建立科学规范的道德激励评价体系与之相适应。面对"德得不一"和"德福相悖"的道德难题,规范的道德激励评价机制能够成为化解这一道德难题必要前提。在新时代思想道德建设领域,建构合理公正和公序良俗的社会道德生态。要根据社会道德生态维护的目标要求,在原有道德激励评价体系的基础上,适时调整和建立适应新时代多元要素的新道德生态秩序,以期在心理上强化大学生的理性认识和友善德性知行的激励评价,防止"英雄流血又流泪"等社会道德生态危机的发酵。与此同时,要根据大学生的群体差异性和多元化认知,科学设置友善价值观和道德激励评价体系的监测指标体系,对友善行为现象的奖惩真实性进行及时监督和反馈,提升道德激励评价机制的透明度和公正性,用友善价值观引导"社会道德生态"步入良性循环的发展轨道。

第三,建构协同共治的道德激励评价机制,是实现道德治理体系现代化的重要前提。一方面,道德作为一个开放系统,协同共治能整合道德治理的各个要素,使之发挥对道德激励评价的正面导向和自我完善的功能。道德激励评价的导向是否合理,对社会道德领域存在的道德失范、道德缺失和道德滑坡等问题具有重要的导向意义。要根据社会的发展变化和教育形势的发展，建立强有力的道德正向激励和反向刺激的奖惩机制，加强对大学生友善缺失等不当行为的教育引导，以期实现社会道德治理"扬善"和"抑恶"两个方面的社会职能。另一方面，丰富道德激励评价机制的舆论引导方式。作为一种对道德激励评价引导的外在约束形式，通过对"是非善恶"采取不同的舆论引导方式，来发挥道德激励评价功效。在大学生日常生活的人际友善交往中，根据不同的利益需求和知行现状进行及时引导。在坚持正确舆论导向的前提下，加强对大学生友善价值观的引导和宣传。充分利用传统媒体和新兴媒体的各自优势，对有违友善价值观等行为现象予以纠正，鼓励大学生以积极的友善姿态来参与共生生活。

（二）发展以实践平台为核心的外驱机制

外在驱动力更多地来自人们对客观世界的认知，以及改造客观世界的社会实践活动。"应该坚守什么样的核心价值观，既是一个理念问题，也是一个实践问题。"① 可以说，友善价值观引导外驱机制的建构，需要在提升大学生个体素养和价值认知的基础上，强化实践养成教育，真正发挥友善价值观"强信心、聚民心、暖人心、筑同心"的思想引领作用。基于此，新时代大学生友善价值观引导体系的建构，需要一个科学可行的外驱机制，建构一个"大思政"格局的外驱动力机制。

要把握当前大学生友善价值观引导的可能发展空间，需要用一种"实践理性"来进行价值引导的选择，才可能更好地确保友善价值观成为一种自觉选择。大学生友善价值观的引导离不开现实社会的土壤与实践养成活动，这种实践体验与理性升华作为友善价值观的生命力所在，对友善价值观转化为大学生追求"崇善向德、与人为善、助人为乐"等实际

---

① 《把核心价值观化为全民行为准则——学习贯彻习近平总书记五四重要讲话精神之三》，《人民日报》2014年5月4日，第1版。

行动具有重要的促进作用。新时代友善价值观的弘扬与传播，需要借助道德实践活动来推动大学生践行友善价值观，动员大学生以实际行动将蕴藏在他们心中的友善行为激发出来，使友善行为理念成为规范大学生的日常行为准则，不断巩固友善价值观的践行基础。

解决大学生友善价值观领域突出问题，关键在于实践和付诸行动。习近平总书记指出："核心价值观，其实就是一种德，既是个人的德，也是一种大德，就是国家的德、社会的德。"① 这一重要论述，为当前开展友善价值观引导实践活动提供了指导。深入开展友善价值观道德实践活动，对实现大学生道德行为和社会环境的良性互动，以及形成"修身律己、崇德向善、礼让宽容"的道德风尚和社会氛围具有重要的导向作用。典型感化是价值观教育的重要环节，通过鲜活的榜样人物和典型事例可以帮助大学生置身具体情景之中，产生强烈的道德共鸣与价值认同。首先，通过生活化、形象化和具象化的榜样示范引领和宣传，使先进典型与道德模范的崇高精神转化为大学生的实际行动。通过榜样的典型示范，不断提升大学生的精神境界，构筑践行友善价值观的坚固防线，使"崇德向上、见贤思齐"的社会风尚在大学生心中得以扎根。其次，要围绕友善价值观举办学校和院系层面的典型选拔活动，让"道德楷模"看得见、摸得着、信得过和看得懂。再次，要建立激励体系和考评机制。将大学生的日常行为养成和参与社会服务作为综合素质考评的重要依据。同时要健全奖惩体系，对见义勇为和助人为乐等友善行为品质予以表彰，对违背友善的行为进行惩戒。在形成典型感化长效机制的同时，使友善价值观成为大学生的自觉行动和共同追求。

①　习近平：《习近平谈治国理政》第 1 卷，外文出版社，2018，第 168 页。

三、完善友善价值观引导的运行机制

运行机制是引导和制约决策并与人、财、物相关的各项活动的基本准则及相应制度，是决定行为的内外因素及相互关系的总称。要使新时代大学生友善价值观引导具体实践能够良性运转，完善友善价值观引导的运行机制显得尤为关键。友善价值观引导运行机制指的是道德治理实践进程中的内在机理及其运行模式，涉及思想道德建设的方方面面。基于此，完善新时代大学生友善价值观引导的运行机制，要在做好顶层设计的同时，通过建构组织管理、舆论引导、教育引领和制度保障等运行机制，确保大学生友善价值观引导目标任务和价值指向的实现。

（一）组织管理机制

大学生友善价值观引导作为一项复杂的系统工程，建立协同联动的组织管理机制，是保证大学生友善价值观引导得以高效运行的重要保障。面对大学生对友善价值观知行所呈现的群体差异性，建构协同高效的组织管理机制，是有效整合社会共识、保证友善价值观引导得以正常运行的关键所在。从国家层面而言，在明晰友善价值观引导理念的基础上，充分发挥政府在友善价值观引导中的主导作用。作为个人友善德性养成的重要一环，大学生对友善价值观的认同是借助个体的内在心理认同来实现转化的。因此，面对大学生群体呈现出不同的利益诉求和价值认知，定位清晰的友善价值观引导理念和分工明确的组织管理形式，对社会和个人层面的价值思辨和行为选择能够起到重要的引领作用。无论是作为一种制度安排，还是一种现实的引导实践，科学高效的组织管理机制能够为大学生友善价值观引导的政策和目标提供明确的价值导向。为此，在友善价值观引导的每个阶段，都需要在充分认识政府、社会、学校、

家庭和大学生等多元主体能力的基础上，提升组织管理部门的运作效率和任务安排，为友善价值观引导的决策部署提供有力保障。

（二）舆论引导机制

舆论作为意识形态传播的首要方式，对个人价值观养成具有渗透性影响。形成"崇德向善"的社会风气，需要充分发挥舆论的引导作用。新时代如何根据社会环境舆论变化的趋向，健全社会引导机制和提升舆论引导能力，是做好大学生友善价值观引导工作的永恒主题。鉴于此，我们要在坚持正面舆论宣传、培育舆论引导主体和加强网络舆情研判的过程中，自觉承担起教化和传播友善价值观的使命和责任。舆论引导机制的建构，一要坚持正确舆论导向。正确的舆论导向对大学生正确看待社会现象和展现时代风貌，增强社会主义核心价值观对大学生的引力、凝聚力和影响力具有重要的整合作用。二要着力培育舆论引导主体。大学生友善价值观的舆论引导工作不是自发生成的，而是要在党政机关、新闻媒介、社会监督和广大高校思想政治教育工作者共同努力和全员联动下才能共同完成。三是创新舆论引导的宣传手段。随着利益多元化、价值多样化和需求差异化趋势的不断增强，要增强大学生友善价值观宣传引导的有效性和针对性，应当创新"适应分众化、差异化传播趋势"[①]的舆论引导新格局。同时要善于将传统媒介和新兴媒介结合起来，充分利用微博、微信等新媒体的网络传播力，在掌握网络舆论动向的基础上加强对网络舆情的研判，及时回应各种消极言论和错误思潮。

（三）教育引领机制

要正确认识和妥善处理当前大学生在友善价值观领域所出现的新情况和新问题，以习近平新时代中国特色社会主义思想武装大学生，成为

---

①　习近平：《习近平谈治国理政》第 2 卷，外文出版社，2017，第 333 页。

大学生友善价值观引导实践的强大思想武器和行动指南。具体而言，可以通过以下三个方面来展开：首先，要以理论研究为支撑，强化理论武装的重要性。要善于运用大学生喜闻乐见的方式和熟悉的语言表达，创新友善价值观引导的途径和载体，积极引导大学生在学懂、弄通、做实上下功夫，使大学生在自觉接受和掌握友善价值观内涵的基础上，提升看待社会热点难点问题的辩证思维和战略思维。其次，坚持理论和实践相结合，在大学生友善价值观引导过程中，紧密结合新的时代条件和实践要求，在实践中增强对新情况和新问题的见解，将提升自身理论修养与解决实际问题能力相结合，深化拓展友善价值观理论研究和引导教育。再次，要以习近平新时代中国特色社会主义思想指引大学生友善价值观引导的实践工作。想要在迅速变化的时代中赢得友善价值观引导工作的主动权和话语权，就需要广大高校思想政治教育工作者要以更宽广的视野、更长远的眼光来思考和把握当前大学生友善价值观引导中面临的一系列问题。例如，可以开展符合时代特征和学生喜闻乐见的友善价值观系列主题教育实践活动，不断为大学生提供"新的理论产品"并及时做出回应和回答，引导大学生自觉掌握友善价值观的理论精髓，对自身原有的思维方式和价值观念进行调适并解决生活中的各种问题。

（四）制度保障机制

友善作为社会生活中的道德根基之一，人际之间的友善交往构成了社会行为的原动力，同时制度与友善之间的"互动"对建构有序良俗的现代社会道德具有重要的良性促进作用。随着社会环境的不断发展和人们认识水平的不断提升，内嵌于制度中的文化资源对价值观的建构发挥着重要的共同体凝聚力的作用。做好大学生友善价值观引导工作离不开制度保障机制的设计与完善，使大学生在共同意愿基础上，在践行友善价值观的"过程中获得一种道德能力",[1] 促进公共空间优化和建构人际交往规范体系。

---

① 高国希:《现代性与公民品德》,《上海财经大学学报》2013 年第 6 期,第页。

第六章 | 当代大学生友善价值
观引导的载体和路径

友善价值观引导是"经常处于变化过程中的有机体"，[①] 因此对其进行系统性和科学化的把握，不仅要从学理上探究友善价值观引导的内在机理和运行规律，更应在实践中科学建构引导路径，将其"融入社会发展各方面，转化为人们的情感认同和行为习惯"，[②] 切实增强思想政治教育亲和力和实效性。然而，新时代大学生友善价值观引导成效的实现，并非一蹴而就，而是需要在全面把握友善价值观现实样态的基础上，不断彰显其内在生命力和引领力，从而为提升大学生思想道德素质，促进新时代高校思想政治教育发展提供坚强思想保证。

---

① 中共中央马克思恩格斯列宁斯大林著作编译局编译：《马克思恩格斯文集》第 5 卷，人民出版社，2009，第 13 页。

② 习近平：《决胜全面建成小康社会 夺取新时代中国特色社会主义伟大胜利——在中国共产党第十九次全国代表大会上的报告》，人民出版社，2017，第 42 页。

第一节　创新友善价值观引导载体，丰富友善价值观呈现方式

友善价值观引导载体作为连接教育主客体之间的桥梁和纽带，是能使具有价值引导因素的形式与手段"发挥教育作用的活动及过程"。[①] 在开展大学生友善价值观引导过程中，运用和拓展真实可感的载体模式，使友善价值观所承载和传输的思想品德、价值观念和行为规范形成"相互作用的活动形式和物质实体"。[②] 根据友善价值观引导理论和实践的需要选择合适的载体，为丰富友善价值观呈现方式，适应新时代大学生交往方式的新发展提供重要参照和借鉴。

一、拓展文本载体，实现友善价值观引导语言的通俗化

"文本"是指语言的实际运用形态和物质载体，其通过文化所呈现的内容具有物化、直观和客观的特点。拓展友善价值观引导的文本载体，能够让友善价值观通过具象化的形式，展现其蕴含在文本里面的思想情感和精神价值。当友善价值观以通俗易懂的直观形式进入大学生的日常生活时，能够让大学生在人际交往过程中，感受其所独有的精神视角和审美意趣，让大学生在践行友善价值观的同时，实现"立言"和"立人"的双赢。随着文本载体在传递社会主义核心价值观的作用日益凸显，文本载体被赋予了更为重要的作用。

---

① 张澍军:《高校学生思想政治教育载体研究》,北京出版社,2003,第12页。
② 张耀灿等:《现代思想政治教育学》,人民出版社,2006,第392页。

　　高校在开展友善价值观引导的过程中，在文本载体的选择上往往习惯用抽象的文本阐释价值观的内容和要义，这在一定程度上制约了友善价值观的传播、领悟与践行的成效。在推动友善价值观引导语言具象化的过程中，要充分利用报刊和其他新颖的文本形式，及时满足大学生在人际交往中的精神文化需求。网络、影视作品等成为当前大学生了解友善价值观的主要新兴文本类型。创新大学生友善价值观引导的文本载体，要根据新兴文本和传统文本的各自传播特点，从多角度全方位立体化的引导格局中，为推进友善价值观的当代践行提供理论支撑。当前用于友善价值观引导的理论文本传递，主要分为实体和虚拟两种文本：一是实体文本，主要包括书籍、报刊、标语、横幅以及各类宣传栏等现实物质和文化产品。该文本具有可感知性、可触摸性、易接受性和受众范围最广等特点，成为社会主义核心价值观引导的主要文本类型。二是虚拟文本。虚拟文本具有直观性、交互性、实时性和便捷性等特点，其所承载的信息、图像与视频等能够很好地满足人们对信息接收的立体需要。发挥此类文本的价值优势，应当坚持以"问题导向、回应现实、贴近生活、亲近大众"为原则，深度挖掘和全面审视虚拟文本中集思想性、教育性和价值性的精神力量，使其成为大学生友善价值观理念宣传和普及的重要平台。

　　虽然"以视觉为中心"的文本载体成为人们日常思想文化交流的重要渠道，网络空间的话语图像化表达的价值也逐渐凸显，但是现有文本载体在传播社会主义核心价值观和建构视觉文化生态中仍存在着被弱化的倾向，给社会主义核心价值观引导带来了负面影响。例如，个别大众媒体作品"胡编乱写、粗制滥造，牵强附会"，视听类文化产品在创造过程中，存在着"机械化生产""快餐式消费"的问题，有的文本载体出现脱离大众、脱离现实等现象，对丰富友善价值观引导语言的具象化带来不利影响。由此可见，要创新文本文化的载体模式，一是要发挥文本载体的价值教育功能。注重发挥文本和理论话语的教育功能，当文本载体概念成为在实践意义上的"自我存在"的时候，才能更好实现其教育力和整合力的成效。在现实生活中，如何进一步将公共文化资源纳入友善价值观引导的话语体系中，将"有思想、有温度、有品质的作品"①同价值话语对接和融合显得格外重要。二是要将提升文化产品的竞争力和友善价值观的思想性有机融合，增强文化产品的思想特质和凝聚友善价值观话语的呈现形式，营造"独具特色和崇德向善"的社会文化氛围，更好承载友善价值观的思想表现力。三是要将友善价值观内嵌在物态文化中，承载和传递社会主流的行为准则、道德规范和价值观念。文化产品的生产关乎人的精神生活，要审慎文本载体的情法边界和价值指向，在明晰权责利整体关系的基础上服务于友善价值观引导教育的价值目标。

二、运用管理载体，实现友善价值观引导方法的生动化

友善价值观引导作为一个复杂的系统工程，具有管理活动的普遍性、时代变化的客观要求和友善价值观引导的内在需求，仅借助开会、学习等教育模式，已不能满足友善价值观引导的时代诉求，需要我们将思想道德原则融于科学有效的社会管理之中，推动管理载体所持有的价值功能与友善价值观引导的具体要求有机结合。管理载体即"以管理为载体"②之意，是指运用科学的教育方法和管理理念，将友善价值观理念目标渗透融入具体的管理工作中，使友善价值观引导贴近大学生的生活和

---

① 习近平:《习近平谈治国理政》第 2 卷，外文出版社，2017，第 334 页。

② 陈万柏:《论思想政治教育管理载体的特征和功能》，《中南民族大学学报（人文社会科学版）》2005 年第 4 期，第 177 页。

思想实际中，达到更好的育人成效。

管理载体除其具有广泛性、社会性、渗透性和艺术性等一般载体的共同特性外，还有普遍性和制度化两个特征，增加了友善价值观引导的可操作性。在大学生友善价值观引导过程中，要充分发挥管理载体所具有的渗透转化、约束规范、行为养成、构成协调和激励转化功能，使教育主体和客体形成良性的互动关系。通过行之有效的管理活动，促使教育主体将友善价值观引导的普遍要求和教育客体的分类指导相结合，提升管理育人的针对性和时效性。要在关注大学生的思想动态和发展需求的同时，帮助大学生解决人际交往困惑中所遇到的实际问题，提高工作效率。然而，在日常思想政治教育管理中，"教育"与"管理"并不能得到很好的协调，"重教育轻管理"和"重管理轻教育"等问题，在客观上也不利于充分发挥管理育人理念。管理载体的最终落脚点是在服务于大学生成长成才的全过程中，培养大学生形成良好的行为习惯。为此，要注意以管理为载体，将友善价值观引导与管理的规章制度相结合，自觉强化管理的养成教育功能，促使学生从应该遵守向习惯于遵守的转变，使友善价值观的理念通过制度规范，内化为他们的价值追求。友善价值观引导作为一种行为养成教育，可以从以下几个方面来加强管理载体建设：一是提高运用管理载体的自觉性。要使友善价值观的成效得到有效发挥，增强高校思想政治教育者运用管理载体的能动性和自觉性。根据实际工作和大学生的思想特征，克服对管理载体的认识不足和领域限制，将管理载体恰当运用于大学生友善价值观引导过程中。通过激励转化功能，使大学生对友善价值观的认知、情感和行为发生积极转变，充分发挥友善价值观教育的作用。二是增强教育管理人员的综合素养。作为管理载体功能的关键因素，在实现教育与管理良性互动的基础上，运用科学的方式方法实现二者之间的优势互补。要善于提高教育管理人员的综合素质和思想道德意识，注重将教育管理方法运用和友善价值观引导相结合，切实调动教育管理者的工作积极性和热情度，及时解决大学生在友善价值观知行过程中遇到的各种思想认识问题。同时，要采取各种措施提高管理人员的思想政治素质，这既是运用好管理载体的要求，也是加强管理、提高管理水平的需要。三是将友善价值观引导的要求和内容制度化，使其在目标指向上转变为具体的管理内容目标，并体现在具体的管理制度和规章要求中，逐步地内化为个人的行为自觉。四是创造良好的载体管理环境。在开展大学生友善价值观引导的过程中，要创造良好的管理环境和介入管理过程的自觉性，在友善价值观引导过程中，提高教育管理水平。

三、依托活动载体，实现友善价值观引导形式的大众化

大学生友善价值观引导以正确认识为前提，认真践行为目的。依托友善价值观引导的活动载体，满足大学生践行友善价值观内容和形式的客观要求。

高校思想政治教育工作者要重视、发挥各种活动载体的力量，将友善价值观的理念融入和渗透到各种社会活动中，在指导相关活动中，规范大学生的行为标准和处事准则，促进大学生对友善价值观知情意行的相互转化。要将友善价值观实践载体所内含的智慧进行充分发掘，在生活实践中"活化"实践载体所蕴含的价值理念，将其所呈现的人和事"活化"起来，并转变为活生生的现实场景，增强实现友善价值观引导的效果。要以现实生活中所开展的活动形式及理论相关度为依据，将实现大学生对友善价值观理念的知行转化作为活动载体的出发点和落脚点，使大学生在生活实践中潜移默化地接受友善价值观。一是优化理论教育活

动途径。高校针对培育和践行友善价值观的要求所开展的理论学习活动，是做好大学生友善价值观引导工作的重要组成部分。因此，需要在优化友善价值观知识体系的基础上，创新理论教育方式和体系，用大学生喜闻乐见的时代话语和通俗易懂的大众话语，将友善价值观的价值内涵"讲深、讲透、讲活"。针对大学生关注的社会生活交往中存在的问题，从友善价值观所蕴含的"主体性和原创性"理论观点，在提出解决方案的过程中，增强大学生的理论自信和文化自信，拉近友善价值观理论与大学生日常生活的距离。二是实践养成。友善价值观"不只是一种观念，更是一种行为，只有被实践才有意义"。[①] 可以说，社会实践作为友善价值观引导的重要内容，其实践成效能够帮助大学生感受到友善价值观的魅力。因此，在现实生活中要以丰富社会实践活动载体为切入点，通过开展形式多样的志愿服务、力所能及的公益活动和典型榜样的宣讲活动等常态化活动，让大学生在实践活动中实现对友善行为认同的思想共鸣，实现由认知习惯向行动自觉的良性转变，在实践追求和行为养成中自觉践行友善价值观。

总之，丰富大学生友善价值观引导的活动载体，在应对友善缺失等突出问题上形成正确的社会认知，使友善价值观引导与满足大学生"精神生活方式和精神生活需要"[②] 相契合。

四、融合媒介载体，实现友善价值观引导内容的具象化

"网络化生存"已成为大学生群体重要的生存方式之一，深刻改变了大学生的思维方式、生活方式和交往方式。网络载体作为信息传播的重

---

① 张颐武：《价值观就在你我身边》，《光明日报》2015 年 3 月 30 日，第 5 版。
② 钱广荣：《中国道德国情论纲》，安徽人民出版社，2002，第 5 页。

要工具和媒介，其全面多样的视觉文化，能够将友善价值观的理论意蕴通过具象化方式呈现给大众。伴随着新兴媒体迅猛发展，网络、手机等媒介快速渗透到社会的每一个角落，利用互联网、微博、微信、QQ 等方式交流已成为大学生日常生活的重要组成部分。截至 2021 年 6 月，中国网民规模达 10.11 亿，互联网普及率达 71.6%，形成了全球最为庞大、生机勃勃的数字社会。[①] 要充分利用和发挥网络载体"集现实展现和虚拟呈现于一体"[②]的特点，延伸友善价值观在网络空间的信息传播和话语表达，在占领信息传播制高点的同时，使其更具视觉冲击力、情感震撼力和思想感染力。

风清气正的网络空间和价值观传播所特有的价值属性正逐步形成，然而一些网络乱象使得友善价值观引导成效不佳，导致部分大学生在参与网络公共讨论时出现出缺乏理性的表达。互联网以其传播的交互性、方式的多样性和内容的新颖性成为大学生获取信息的重要渠道，但大学生对友善情感体验和理性认知的失衡，使网络有效传播面临新的挑战：一是"去中心化"的信息传播模式，削弱和稀释了大学生对友善价值观引导宣传信息的关注度；二是"互动化"的信息交流模式，以所谓的"民主亲和力"和"自由召唤力"，构成了对社会主义核心价值观话语引导的冲击。三是"隐匿化"的信息传播渠道，对虚拟社会的人际友善关系的建构提出了新的挑战；四是"大众化"的信息表达平台，增加了对友善价值观的引导与整合的难度。因此，大学生友善价值观的网络引导，必须要根据新媒体的特点进行传播方式和引导路径的改变，在了解网络载

---

① 中国互联网络信息中心：《第 48 次〈中国互联网络发展状况统计报告〉发布：我国网民规模超十亿》，央视新闻网，https://baijiahao.baidu.com/s?id=170920636176841455 59&wfr=spider&for=pc。

② 骆郁廷：《吸引、判断、选择：网络思想政治教育的关键词》，《马克思主义研究》2016 年第 11 期，第 123 页。

体传播规律和受众群体喜好的基础上，为网络载体最大化地发挥作用谋求新思路和新方法，以此有效地抵制和防止网络传播友善价值观引导的"异化"和"物化"。实现网络载体的话语转化，可以从以下几个方面加以尝试：一是立足建构新型师生关系，满足大学生多元价值诉求的需要，充分运用网络载体更新教育观念和思想理念，为实现大学生友善价值观网络引导提供思想保障和科学依据。二是找准"入网"与"建网"的共性规律，拓宽友善价值观与网络引导渠道的高度融合。缩短现实生活与虚拟空间的时空距离，提升社会主义核心价值观认同的话语权与说服力。三是创新和拓展友善价值观引导的网络教育平台。要充分利用丰富的网络资源来加强网络载体建设，积极开展友善价值观网络引导。在把握和了解大学生最新思想动态中，找准引发大学生网络言行非理性问题的根源，增强友善价值观引导的时效性和精准性。四是转变教育思维和观念，发挥教育主客体的主观能动性。通过技术环境的创新和网络话语的时代运用，在营造良性的网络互动的同时，增强友善价值观网络引导的现实成效。

第二节　优化友善价值观育人环境，汇聚友善价值观教育合力

教育是民族振兴、社会进步的重要基石，是国之大计、党之大计。党的十九大以来，"培育时代新人"作为高校思想政治工作的一项重要使命，将社会主义核心价值观融入人才培养的全过程中。然而，一些大学生在思想道德领域存在的友善缺失、道德冷漠和知易行难等现象，这就需要对大学生进行符合德性的友善价值观教育，深入挖掘友善价值观所蕴含的道德力量。因此，如何适应大学生的本性和发展要求，建构大学生友善价值观引导的教育体系，推动大学生对友善精神信仰的坚守，成为新时代大学生友善价值观引导需要回答的首要问题。

一、发挥学校教育主渠道作用，建构友善价值观引导教育体系

"学校是一种特殊的社会组织，是人们着意营造的培养人的环境。"[①]习近平总书记指出："青少年阶段是人生的'拔节孕穗期'，最需要精心引导和栽培。"[②]明确学校教育的神圣使命，建构友善价值观引导教育体系就格外重要。为此，在全面认识学校教育规律和特点的基础上，使友善价值观"进教材、进课堂、进头脑"，为友善价值观认同和践行提供智力

---

① 陈万柏、张耀灿主编《思想政治教育学原理》，高等教育出版社，2007，第106—107页。

② 《习近平主持召开学校思想政治理论课教师座谈会强调：用新时代中国特色社会主义思想铸魂育人，贯彻党的教育方针落实立德树人根本任务》，《人民日报》2019年3月19日，第2版。

支持。

首先，回归教育本真，让教育为文明传承和创造服务。对大学生能力和态度的培养是友善价值观引导的重要目标之一，其核心是引导大学生用自己的理性思维培养对友善价值观的认同和态度，通过激发大学生的主体意识和行为规范，引导他们对生活中的各种可能做出正确判断。因此，高校在开展友善价值观引导时，要充分体现受众主体的感受和效应，改变"重灌输轻引导、重表象轻本质"的情况，激发大学生认同友善价值观的积极性和主动性。从现实角度而言，友善价值观引导所要培养的是大学生成熟与健全的人格，使他们在接触和适应社会生活的过程中"注重发展性与规范性"，激发他们的价值判断意识和行为选择能力，使友善价值观引导从"知识体系向价值体系、信仰体系转化"。[①] 其次，建立与社会家庭的联动机制，在形成教育合力的同时，使大学生"体力和智力获得充分的自由的发展和运用"。[②] 同时，要在开放社会空间和增强价值体验的基础上，促进大学生"共同性"价值取向和"共容性"人格特征的形成，使他们在社会交往和人际认知中，学会"走向他人"，提升对友善价值观的感性认同和理性认知；再次，友善价值观引导是一个重要的社会性活动，大学生社会性的行为方式源于家庭和学校生活。这就要求在日常的教育管理中，畅通家庭教育和社会教育沟通的渠道和建立信息反馈机制，使其成为连接学校教育与社会教育的纽带，不断提升友善价值观引导的信度及效度。

习近平总书记强调："思想政治理论课是落实立德树人根本任务的关

---

① 高国希：《关于思想政治教育方法的思考》，《思想政治教育研究》2011年第6期，第32页。

② 中共中央马克思恩格斯列宁斯大林著作编译局编译：《马克思恩格斯文集》第3卷，人民出版社，2009，第564页。

键课程。"① 这高度肯定了思想政治理论课在落实立德树人教育方针中的重要地位。要在友善价值观引导过程中重视课堂教学的主渠道作用，要把思想引领贯穿于教学全过程和各环节。特别强调"坚持在改进中加强，在创新中提高"的总要求，在各个环节中用好课堂教学这个主渠道。思想政治理论课作为传播主流价值观理论话语权的重要渠道，是"培养一代又一代社会主义建设者和接班人的重要保障。"② 为此，要增强"高校立身之本在于立德树人"③ 的情境营造，在强化友善价值观引导成效中，科学解答"应该在哪用力、对谁用情、如何用心、做什么人的根本问题"。④

从调查的情况来看，课堂教学是大学生了解社会主义核心价值观、提升思想道德素质和获取各种学习生活信息方面的重要渠道。然而不可否认的是，当前大学生友善价值观引导教育过程中仍存在着"形式与内容脱节""强调知识化倾向而偏离人的全面发展的指向""教学目标的理想化和现实生活相脱离"以及"过于强调统一性规范性而忽略了教育对象的层次性差异性"等现象，这些在内容结构方面存在一定问题：一是思想政治理论教学中，过于强调友善价值观的"知识化"的外在倾向，削弱了友善价值观道德语言的说服力，也导致友善价值观的理论教育缺乏良好的道德修养和精神涵养，偏离了人的全面发展的指向。二是理想

---

① 《习近平主持召开学校思想政治理论课教师座谈会强调：用新时代中国特色社会主义思想铸魂育人，贯彻党的教育方针落实立德树人根本任务》，《人民日报》2019 年 3 月 19 日，第 2 版。

② 《习近平主持召开学校思想政治理论课教师座谈会强调：用新时代中国特色社会主义思想铸魂育人，贯彻党的教育方针落实立德树人根本任务》，《人民日报》2019 年 3 月 19 日，第 2 版。

③ 《习近平在全国高校思想政治工作会议上强调：把思想政治工作贯穿教育教学全过程，开创我国高等教育事业发展新局面》，《人民日报》2016 年 12 月 9 日，第 1 版。

④ 顾海良：《高校思想政治教育的新境界》，《中国高等教育》2017 年第 18 期，第 5 页。

化的教育目标脱离了现实生活的根基，特别是在互联网时代，大学生的生活理念和求知方式发生了根本性的转变，传统价值观引导的模式与学生对价值观认知需求形成了鲜明的现实反差，使得友善价值观的理论教育缺乏说服力，不利于价值观教育时效性的提升。三是思想政治理论课的课程设置目标过于统一性和规范化，对于不同价值文化之间的交流与争锋缺乏主体性和批判性，教学内容设计过于单一和感染力不强，这种忽略教育对象层次性和差异性的现象，偏离了友善价值观理论"接地气""聚人气"和"筑底气"的教学目标，削弱了课堂教学的实际效果。

调查还表明，课堂教学对于高校开展大学生友善价值观引导工作至关重要，尤其是思想政治理论课主渠道作用发挥得好坏，成为评定大学生友善价值观引导成效好坏的风向标。高校教师要结合自身道德修养和课堂教学，从教学内容、教学手段与教学模式的"供给侧结构性"改革着手，激发师生共同参与的内在动能和审美价值，建构符合友善价值观引导的教学生态场域，确保"主渠道"功能的有效发挥。发挥新时代高校课堂教学话语权和主导权的作用，这可以从以下五个方面来展开：一是政治要强，强化教师的责任意识。坚持"教育者本人一定是受教育的"[1] 前提下，要"善于从政治上看问题，在大是大非面前保持政治清醒，在大是大非面前保持政治清醒"。[2] 要在加强教师的政治理论素养、教学纪律要求和传播社会正能量的同时，引导学生树立辨别是非的意识，在坚持知行合一的前提下，树立"以德立身、以德立学、以德施教"的责任感和使命感。二是情怀要深，坚定"四个自信"。在开展大学生友善价

---

① 中共中央马克思恩格斯列宁斯大林著作编译局编译：《马克思恩格斯文集》第1卷，人民出版社，2009，第504页。

② 《习近平主持召开学校思想政治理论课教师座谈会强调：用新时代中国特色社会主义思想铸魂育人，贯彻党的教育方针落实立德树人根本任务》，《人民日报》2019年3月19日，第2版。

值观引导教育过程中，要"保持家国情怀，心里装着国家和民族，在党和人民的伟大实践中关注时代、关注社会，汲取养分、丰富思想"。① 三是思维要新，创新课堂教学方式。习近平总书记指出："要坚持主导性和主体性相统一，思政课教学离不开教师的主导，同时要加大对学生的认知规律和接受特点的研究，发挥学生主体性作用。"② 在坚持主导性和主体性相统一的过程中，提升思想政治理论课教学的实效性。为思政课建设守正创新和培养时代新人提供重要基础。四是思维要广，为巩固和发展中国特色社会主义制度服务。要充分发挥高校在知识传播、科技创新和人才培养等多方面的优势，鼓励广大高校教师能够在各类重大理论和实践问题研究中，充分把握中国话语、提供中国方案和展现中国气派，将友善价值观的理念内涵贯穿于国际交流和传播方方面面。五是要根据时代发展和人才培养的需要，科学整合课程和教师两个资源。在教学中渗透友善价值观教育，在充分发挥思想政治理论课主渠道作用的同时，协调各类课程与之同向同行，扎实推进友善价值观的"三进"工作，在"守好一段渠"和"种好责任田"的同时，形成课程教学和全员育人的协同效应。

要根据时代发展和形势需要，将马克思主义和思想政治工作有机结合，引导广大师生对马克思主义真学、真懂、真信和真用的良好学风。在把握正确政治方向和净化教学环境的基础上，实现教学内容、教学方法及手段等方面的创新与时效，真正发挥社会主义大学的育人功能，使

---

① 《习近平主持召开学校思想政治理论课教师座谈会强调：用新时代中国特色社会主义思想铸魂育人，贯彻党的教育方针落实立德树人根本任务》，《人民日报》2019年3月19日，第2版。

② 《习近平主持召开学校思想政治理论课教师座谈会强调：用新时代中国特色社会主义思想铸魂育人，贯彻党的教育方针落实立德树人根本任务》，《人民日报》2019年3月19日，第2版。

之成为传播友善价值观的重要阵地。一是"坚持潜心问道和关注社会相统一。"① 要突出解决高校教师"自信"问题,增强"明道"和"信道"的重要性,"坚持政治性和学理性相统一,以透彻的学理分析回应学生,以彻底的思想理论说服学生,用真理的强大力量引导学生。"② 通过课堂教学将友善价值观的理念内涵传递给大学生,提高大学生自身理论觉悟的同时,帮助他们扣好"人生的第一颗扣子"。二是提升教学的深度和宽度。即展示友善价值观的理论魅力,在关照现实中彰显友善价值观的精神力量。灵活设计符合时代话语和学生需求的友善价值观教育课程,能够在吸引学生自觉学习的同时,使大学生对社会道德问题持有独特见解。三是坚持以学生为主体和中心,有针对性地回答大学生关心的重大问题,消解他们对友善价值观的一些不当认识与抵触情绪,用创新方式方法来提高价值观引导教育的吸引力和感染力。四是严于自律,建立和谐师生关系。要从"传道授业解惑"中领悟教师的职业责任,在教书育人的过程中自觉弘扬主旋律,积极传递正能量。要关注大学生精神生活的价值需求和成长规律,通过"因课制宜"形式来建立平等对话机制,延伸拓展引导教育生态场域,真正做到教学相长,营造师生共同学习共同进步的良性课堂氛围。

二、重视家庭教育的起始地位,把握友善价值观引导正确方向

习近平总书记指出:"家庭是社会的基本细胞,是人生的第一所学

---

① 《习近平在全国高校思想政治工作会议上强调:把思想政治工作贯穿教育教学全过程,开创我国高等教育事业发展新局面》,《人民日报》2016 年 12 月 9 日,第 1 版。

② 《习近平主持召开学校思想政治理论课教师座谈会强调:用新时代中国特色社会主义思想铸魂育人,贯彻党的教育方针落实立德树人根本任务》,《人民日报》2019 年 3 月 19 日,第 2 版。

校。"[1] 作为传递社会主义核心价值观的重要渠道,建立在以血缘亲情基础上的家庭教育,是人们安身立命的物质场所和情感寄托。家风教育和价值引领,会对大学生完善品德和意志产生持久的影响。友善作为来源于现实生活的人际交往理念,是家庭美德的重要内容。家庭教育中的道德教育和人格教育,构成了友善价值观引导的文化基础,是大学生友善价值观演进的起源,大学生在人际交往过程中所体现的家风家教,在国家和社会治理中发挥着基础性作用。可以说,作为学校教育和社会教育的重要环节,其教育成效的好坏,对大学生形塑友善价值观具有重要的现实意义。因此,新时代赋予家庭教育在友善价值观引导中的新内涵和新使命。充分发挥家庭教育在大学生友善价值观引导的成效,不仅能满足友善价值观引导主体多元化的需要,更是完成时代赋予家庭教育重大使命的战略需要。

家庭作为个人与国家社会之间重要连接点,对大学生的价值情感和成长路径产生直接的影响。增强家庭价值观教育的感染力和带动力,"家庭作为核心价值受到尊重"[2] 才能更好发挥教育合力的作用。和谐稳定的家庭情境和教育环境,有利于大学生发挥对友善情感和理性选择的能力,并根据情境需要做出符合道德要求的行为选择。可以说,和谐的家庭情境、稳定的家庭结构以及家庭成员的和睦相处,是大学生友善价值观引导的重要条件。同时,父母作为孩子最信赖的依靠,其家庭观念和生活方式都会潜移默化地影响孩子的言行举止。这就需要父母转变家庭教育的理念和内容,要借助家风传承、家训涵养和家庭建设等"接地气"的载体进行友善价值观教育,提升家庭对友善价值观的认同度。除此之外,要树立新型家庭教育理念,通过家长要以身作则,密切配合学校教育进

---

① 习近平:《习近平谈治国理政》第 2 卷,外文出版社,2017,第 353 页。

② 高兆明:《有尊严地生活:美德与生活世界》,《道德与文明》2013 年第 6 期。

行友善价值观引导教育。这样可以使友善价值理念转变为大学生乐于接受的"精神要素"和"价值共识",从精神层面的"深入"和行动层面的"浅出"使友善价值观更有说服力和实际作用。

然而,由于学校和家庭之间教育职能和内容的差异,使得二者在友善价值观的引导和教育方面出现"割裂"。例如,在我国家庭教育中,不少家长过多注重从智育方面来对子女进行培养,而缺乏对子女价值取向和人格教育方面的引导和塑造。通过与大学生访谈交流中,笔者也发现"后天性补偿教育"并没有发挥友善价值观应有的引领成效,有些大学生的思维方式和行为理念并没有发生实质性的改变。因此,面对家庭教育中存在"重智轻德""实用主义""个人本位"和"家长教育的缺位缺失"等问题,建立新的恰合时宜的家庭教育模式,将友善价值观的情感观点融入家庭教育的方方面面。

要重视家庭教育对大学生价值观引导的重要作用,从家庭的角度而言,可以从以下几点来帮助子女在友善价值观形成与发展方面营造良好的情境氛围:

首先,家长应当强化自我教育意识,改变价值引导方式。家长作为子女人生观引导的启蒙老师,其言行举止和家庭关系氛围等都对子女的价值观形成具有重要作用:一是要重视家庭教育的认同作用。大学生正处于价值观形成的关键时期,在价值认知和辨别是非等方面缺乏足够的成熟经验。家长作为大学生在学校之外接触最多的人群,其道德品格、价值涵养和处事方式会对大学生的价值观知行产生潜移默化的影响。二是做好榜样示范作用。大学生价值认知和行为习惯的养成,离不开家长的榜样示范作用。因此,要充分发挥家庭教育的亲情优势,在陪伴和引导大学生成长的过程中,家长应当将正确的价值理念和认知取向传递给大学生,使大学生在人际交往实践中形成正确的价值判断和评价能力,自觉践行友善价值观。三是发挥价值导向作用。大学生在行为认知和价值中的可塑性极强，这就要求家长在对子女进行友善价值观引导中更应注重方式方法。例如，注重平等民主的沟通方式，在鼓励肯定和引导教育相结合的基础上，及时关注大学生的思想状态，对他们在交往实践中所遇到的价值困惑进行及时引导，在良好的家庭互动氛围中形成对友善价值观的正确认知。除此之外，家长还应具备与时俱进的教育理念，提升自身素质。这就要求家长应当改变传统家庭教育中"重智轻德"和"实用主义"等错误理念，在注重对大学生进行友善价值观引导的基础上，针对大学生不同阶段所面临的价值诉求，在道德文化、人格素养和价值践行等方面提供正确及时的人生指引，为大学生全面自由发展创造良好的家庭教育环境。

第二，将友善价值观引导融入家庭伦理教育中。家庭伦理所蕴含的"尊老爱幼""亲人亲情"和"父慈子孝"等思想，对社会和谐发展、大学生的道德修养和合理性观念的形成起着至关重要的作用。在日常生活中，家长应当通过言传身教对大学生进行正确的思想道德教育、社会规范教育和行为养成教育，使大学生正确看待友善缺失和人际冷漠等社会现象，用友善价值观帮助大学生剖析人际交往中的思想困惑、价值迷茫等问题。特别是要在多元化的家庭伦理观念和多样性生活需求中，找准家庭伦理教育和友善价值观引导的契合点，提升大学生人际交往能力。因此，家长在对大学生进行价值观教育时，不仅需要言传身教和身体力行，帮助大学生找准自我定位，还应在亲情交流中和大学生的点滴成长中，引导大学生正确看待社会交往中的是非善恶现象，使正确合理的家庭伦理教育，成为大学生践行友善价值观的重要思想源泉。

第三，重视用家风涵养大学生友善价值观的引导教育。对家庭来说，家风是家庭中稳定的思想、心理和行为模式。良好家风的潜移默化，是家庭教育中大学生道德养成的重要场域，具有强大的育人功能。家长作为家庭整体风貌和综合家庭素养的重要体现者，在言传身教中将待人接物、为人处世、生活方式、道德行为等良好家风的特点表现出来，大学生道德操守和个人品行在良好家风中得到涵养。作为承载友善价值观引导的有效载体，通过口头传诵、书面教育和以身作则等方式，将良好家风中所蕴含的"与人为善""仁爱和睦"和"以礼相待"等理念，融入大学生的日常生活中，使其成为他们人际交往的重要行为准则。同时，将家风教育注入时代语言和时代精神，使友善价值观的理念内涵融入家风传承之中，让家风教育回归到大学生"情感归属和精神家园"的原点，强化家风建设对友善价值观的引领作用，有效解决当前家庭教育中存在的实际问题，使大学生在家风涵养中，正确知行友善价值观。

第四，加强家校联系，实现友善价值观引导力量的有效整合。作为国家中长期教育改革和发展规划的基本方针政策，立足点在于构建家庭、学校和社会"三位一体"的教育模式，能够为友善价值观引导教育提供更为广泛的社会支持基础。要推动大学生友善价值观引导成效的可持续发展，就要在关注家庭教育与学校教育之间密切联系的基础上，将家校建设纳入学习型社会建设中，增强家校之间对大学生价值观教育的理解和信任。对于家长而言，要主动与学校沟通，重视与老师的交流沟通和宽容理解，及时关注大学生的思想动态和心理状态，鼓励大学生用正确的价值理念，处理人际交往中所遇到的困惑和问题，引导大学生在完成学习任务的同时，学会用客观理性心态看待社会道德现象，在待人接物中形成自己的独立见解和行为认知。

第六，家长要坚守对友善价值观的公共性品质，用理性思维和生动案例引导大学生对善恶是非、荣辱功过等保持清醒的价值判断。新时代大学生友善价值观引导离不开社会、家庭和学校的共同教育。家庭教育作为衔接社会教育和学校教育的纽带，应当充分依托其优势和特长，为社会共同价值本位的公共性理念的形成注入新鲜活力。

三、延伸社会教育大课堂氛围，改善友善价值观引导外部环境

社会是最好的大学，其涉及领域范围的广泛性和持续性，已然成为大学生友善价值观引导的重要场所。社会教育的内涵从广义上来说，指向的是"有意识地培养人、有益于人的身心发展的社会活动"。① 从狭义上来说，是作为学校教育和家庭教育的延伸和扩展，具有相对独立性的教育形式。社会教育在友善价值观引导中肩负着重要的责任，需要将其融入社会大课堂中，提升大学生对人际友善交往重要性的认知。通过开展常态化的道德实践活动，充分挖掘社会教育的资源优势，在丰富实践交往和营造交往氛围过程中，找准二者之间的契合点，激发和整合社会教育的育人环境。在改造环境和改变自己的前提下，最终实现友善价值观引导"环境的改变和人的活动的一致"。②

对新时代大学生友善价值观引导而言，发挥社会教育的环境感染和带动作用是当代修身教化的重要方式，对把握社会规范要求和个体行动准则的一致性具有不可替代的作用。排除友善价值观引导过程中存在的消极环境因素，建构有序良俗的社会环境，是培养大学生友善品质和实现社会教育目标的应有之义，也是新时代中国思想道德建设的必然要求。

第一，社会教育为友善价值观引导提供了大课堂的教育环境。在经济全球化和网络信息化的时代背景下，社会文化领域面临着复杂情况与

---

① 顾明远：《教育大辞典：第一卷》，教育出版社，1991，第 11 页。

② 中共中央马克思恩格斯列宁斯大林著作编译局编译：《马克思恩格斯文集》第1卷，人民出版社，2009，第 504 页。

诸多挑战，准确把握社会先进文化的发展方向，在社会教育中传承和发展友善共生交往理念，充分发挥友善价值观的文化育人功能，是做好大学生友善价值观引导的内在要求。要在传承和借鉴古今中外社会文化发展经验的基础上，建构符合中国特色的价值信仰系统及文化发展道路，为大学生友善价值观引导提供"精神基础"和"精神旗帜"。[①] 发挥社会教育职能，有效普及友善价值观。树立"人人受教育、人人教育人"社会教育环境，能够使大学生在参与社会生活中养成良好交往心态，全面适应培养时代新人的战略需要。

第二，社会教育为友善价值观引导提供了重要的实践平台。作为一种公共的实践，要充分发挥物质实践活动在大学生人际交往实践过程中的根源性作用。例如，鼓励大学生参加志愿服务活动、和谐邻里活动以及环保宣传等社会实践活动，让大学生在"服务社会和奉献社会"的过程中，体验友善价值观的理念内涵和实践蕴意。在引导大学生养成健康社会心态和行为习惯的同时，在实践活动中品味人际交往的修养礼仪所带来的"获得感"。因此，要"把教育同物质生产结合起来"，[②] 使友善价值观引导回到公共的生活世界，不断提升大学生在实践过程中的友善意识和价值追求。

第三，社会教育丰富了友善价值观的引导载体。社会大课堂以其特有的生活吸引力和情感真实性，为大学生认知友善价值观提供重要的参照标准。友善价值观引导成效的发挥，需要有一定的教育载体与之相呼应。例如，公益性组织和机构所提供教育资源，能够使大学生在践行友善价值观过程中，通过互助互动提升自我修养和陶冶情操。

---

① 陈秉公：《探索当代中国文化发展的现实道路》，《学术界》2017 年第 9 期，第18 页。

② 中共中央马克思恩格斯列宁斯大林著作编译局编译：《马克思恩格斯文集》第2 卷，人民出版社，2009，第 53 页。

　　第四，要重视大众传媒对传播友善价值观的作用。作为社会教育资源的重要组成部分，大众传媒所具有的直观性、易于接受、感染力强等特点，其承载的友善价值观对受众具有引导性和驱使性影响，成为大学生有效认知友善价值观的重要因素。因此，要加强对社会大众传媒的舆论导向，将公益广告和文明短片等作为传播友善文明的"利器"，对友善价值观所蕴含的"家庭和睦、邻里和谐、社会关爱以及助人为乐"等内容，予以正面宣传，营造风清气正的社会教育氛围。与此同时，加强大众媒体的行业自律，以此作为确保舆论导向的重要内容。要在紧扣时代脉搏和实事求是的基础上，发挥大众传媒的教化和感染作用。以友善价值观来引领社会舆论导向，培养大学生独立思考和明辨是非的能力，形成与之相适应的生活方式和行为准则，使大学生在潜移默化中接受和认同友善价值观。

　　第五，建构社会教育机制，明晰社会教育的理念和地位。随着教育边界的不断延伸，社会教育的价值理念广受认同，特别是其蕴含的道德品质教育能够引导大学生在接受社会教育的过程中，用友善价值观提高大学生对社会问题的价值辨析能力和精神追求层次。因此，要从战略的高度来提升社会教育在大学生友善价值观引导中的地位，实现社会教育与家庭教育、学校教育三者之间的协调发展。在明确教育主体、整合社会力量和完善公共服务平台中，改变当前社会教育存在的模糊化、零散化和被动化等问题，使大学生在接受社会教育的过程中，正确看待当前我国思想道德建设领域所面临的问题，推动探索适合社会教育与友善价值观的协同发展之路。

　　第六，推进社会教育相关领域的理论研究，规范社会教育评价体系和路径建构。理论是实践的指南，当前对社会教育领域的相关领域研究，更多的是从补充家庭教育和学校教育的立场出发，需要从其他学科的领域来加强社会教育的理论研究，完善社会教育理论教育体系，更好发挥理论指导实践的作用。与此同时，针对当前社会教育发展过程中存在的"秩序混乱以及价值异化现象"，应当通过制定相应的法律、设立专门社会教育机构、实施社会教育评价体系等方面着手，在实践过程中进一步加强和规范社会教育，为社会教育的可持续发展提供重要保障。

第三节　发挥友善价值观实践效用，
夯实友善价值观养成体系

习近平总书记在全国教育大会上指出："要把立德树人融入思想道德教育、文化知识教育、社会实践教育各环节。"① 这些关键命题所涵盖的融通目标、优化方式、体系建设等，呈现出鲜明的理论逻辑、现实逻辑以及行动逻辑高度统一的特征。需要在新时代教育改革实践中，不断寻找友善行为文化和友善价值观引导融通契合的空间，为"培养德智体美劳全面发展的社会主义建设者和接班人"② 提供新思路。

一、弘扬友善行为文化，整合友善价值文化资源

友善作为中华优秀传统文化的重要内容，其所倡导的人生价值、人生态度和行为方式，对于个人、社会的发展进步，具有基础性意义。人的行为是在一定的价值观支配下发生，既是一种实践，同时也是一种文化。友善行为文化要求人们在社会生活和人际交往过程中，将守法、善行等不同行为层次融入向善向上的社会环境建构之中。在不同形态的友善行为文化实际践行中，通过开展礼节礼仪养成教育和榜样教育引领活动，营造崇德向善、积极向上的社会环境，对倡导向善向上的友善行为

---

① 《习近平在全国教育大会上强调：坚持中国特色社会主义教育发展道路，培养德智体美劳全面发展的社会主义建设者和接班人》，《人民日报》2018 年 9 月 11 日，第 1 版。

② 《习近平在全国教育大会上强调：坚持中国特色社会主义教育发展道路，培养德智体美劳全面发展的社会主义建设者和接班人》，《人民日报》2018 年 9 月 11 日，第 1 版。

文化，引领社会风尚具有重要意义。

（一）开展礼节礼仪养成规范化活动

礼节礼仪作为传播社会主义核心价值观的重要方式，在建立和规范礼仪制度的基础上，开展符合友善价值文化特点的礼节礼仪规范化活动，能够"增强人们的认同感和归属感"，[①] 提升友善价值观在大学生日常生活中的可视度和践行性。

1. 友善礼仪文化引导路径

作为调节社会关系的一种思想意识和价值规范，友善礼仪文化所蕴含的渗透力和生命力，能够成为大学生践行友善价值观内在的精神力量。要将友善礼仪文化所要传递的价值理念融入社会生活，使之"与当代文化相适应、与现代社会相协调，以人们喜闻乐见、具有广泛参与性的方式推广开来"。[②] 因此，要以现代话语元素为切入点，在内容和形式上实现友善价值观与礼仪文化的对接融合，营造当代大学生乐于接受的礼仪规范和社会氛围。礼仪文化所内含的友善行为规范，对大学生人际交往的影响是多维的，它不仅能为大学生参与社会活动提供参照坐标，也能以一种正向文化导向为个人友善行为提供一种可衡量标准。因此，用礼仪价值观念引导友善交往行为的路径，可从以下三个方面来进行分析：一是将礼仪价值规范融入大学生日常生活中，使大学生的友善交往意识外化为个人价值取向，在增强礼仪文化社会认同的基础上，实现群体意识的转变；二是制定具体礼仪规范，将其所要传递的礼仪价值观念形象化和生活化；三是将礼仪文化所内含的观念和规范转变为现实性的品格，对大学生日常生活中不符合礼仪规范的行为进行及时调整。通过礼仪文化引导路径的不断规范与延伸，促进礼仪文化与友善行为文化的不断融

---

① 习近平：《习近平谈治国理政》第 1 卷，外文出版社，2018，第 165 页。

② 习近平：《习近平谈治国理政》第 1 卷，外文出版社，2018，第 161 页。

合，培育有利于友善价值观引导的生活情境，使友善价值观所蕴含的价值理念服务于现实生活的需要。

2. 以礼仪文化教育促进友善价值观引导的对策

中国传统礼仪文化以其特有的优势，对大学生友善意识和友善理性的培育，发挥着重要的涵养作用。如何认识礼仪文化所蕴含的友善思想资源与结构，将友善价值观引导目标与礼仪文化的教育发展路径有机结合起来，对当代大学生友善价值观引导具有重要的文化价值借鉴。

一是要充分发掘礼仪文化在传统中国话语中的诠释意蕴，将礼仪中追求"向善"的价值追求和追求善良的价值观念进行提炼，激发和升华大学生对友善礼仪文化的情感追求和价值导向。在对其进行科学系统阐释和价值互动的基础上，拉近大学生认同礼仪文化和友善价值观的感知距离。通过制定相应的礼仪规范和公约守则，在价值互动中强化友善价值观的凝聚力和吸引力。同时，还需通过礼仪文化的实践养成、蒙以养正和情法并用等具体途径，推动友善价值观深入人心。在正确价值文化导向的指引下，确保符合公共性礼仪文化价值观的系统建构，将友善礼仪文化纳入中国特色社会主义文化建设的总体规划中。

二是要通过各个环节的礼仪教育，明晰友善价值观所要展现的价值理念，使大学生从中学习和掌握做人的规范和做事的守则。要将礼仪文化转化为大学生的行为认知和德性规范，不仅需要大学生的自觉与自律，在现实生活中也需要外在规范和他律的影响。要善于汲取中西方在礼仪文化教育中的合理成分，通过有效的制度设计和道德教育，确保友善价值观所要宣扬的价值理念和道德规范，在礼仪文化的涵养中不断得以彰显。与此同时，要在自律和他律有机结合的保障前提下，将礼仪文化所蕴含的友善内涵通过多样化的形式，呈现出时代所特有的价值和功能，实现友善价值规范内在系统和外在传播形式的互补，增强大学生对礼仪文化的认同感和归属感，使礼仪文化内化为大学生的行动自觉，发挥其在友善价值观引导过程中的重要作用。

（二）开展符合时代特色的榜样教育引领活动

伟大时代呼唤伟大精神，崇高事业需要榜样引领。习近平总书记指出："道德模范是社会道德建设的重要旗帜，是道德实践的榜样。"[①] 新时代做好大学生友善价值观引导工作，要注重发挥榜样的引领作用，提升榜样的形象感召力。针对部分大学生对友善价值观知行缺失和忽视等现象，要激浊扬清，运用生动感人的榜样形象和鲜活生动的践行事例，吸引、教育和引导大学生在日常生活中感知友善价值观，形成正面舆论强势。

一是增强大学生对榜样的情感认同。认同是人们意义与经验的来源，合理的价值导向应当是理想形态的价值观与现实可能性的统一。习近平总书记明确指出："要大力弘扬社会主义核心价值观，加强思想教育、道德教化，改进见义勇为英雄模范评选表彰工作，让全社会充满正气、正义。"[②] 为此，作为引领践行友善价值观的重要力量，现实生活中榜样所体现的优秀品质和高尚精神，教育和激励着大学生对友善价值观的情感认同。作为生活德育的重点和价值教育的焦点，通过身边榜样的引领和发挥模范作用，使大学生"学有标杆、赶有目标、行有动力"，为友善价值观引导提供目标、方向和精神动力。同时，要坚持榜样引领的可亲、可近、可学原则，将榜样的道德示范和精神生活鲜明地展现出来，提升大学生践行友善价值观的自觉性、自信心和自豪感，使其"接地气"地走

[①] 《习近平在会见第四届全国道德模范及提名奖获得者时强调：深入开展学习宣传道德模范活动，为实现中国梦凝聚有力道德支撑》，《人民日报》2013年9月27日，第1版。

[②] 《习近平在中央政法工作会议上强调：全面深入做好新时代政法各项工作，促进社会公平正义保障人民安居乐业》，《人民日报》2019年1月17日，第1版。

进大学生日常生活中并加以践行。

二是着力自觉自信的实践养成。友善价值观引导只有在社会思想和个人思想结合互动的基础上，才能在实践活动中彰显榜样的引领意义和自觉自信，促进大学生的健康成长和全面发展。榜样引领既根植于公共生活，又根植于精神领域，将公共生活领域中的好人好事，通过形象化表述让大学生"看得见、摸得着、记得住、容易学"，通过榜样的示范作用引导大学生养成友善的品质。同时，要用事实性和价值性的榜样教育，产生持续的社会影响力，催生社会真善美的正向认同，消解对社会现象的负面认知，带动大学生对友善价值观知行的群体意识和行动自觉。

三是发挥大众传媒的推动作用。新时代大学生审美和实践多样化的需求，对典型榜样的价值追求和形象树立提出了更高的要求，这种形象感召力需要满足"见识、美德和好意"等品质，更好地增强榜样的形象感召力。因此，要发挥大众传媒的推动作用和新兴媒体的影响力，通过融入现代元素和互动形式，积极回应道德热点难点问题，将身边"最美"榜样所要彰显的个体形象、群体形象、外部特征和精神追求等品质，以真实准确和生活鲜活的方式来进行发掘宣传。通过榜样形象的宣传和示范引用，牢牢把握舆论导向，发挥友善价值观对大学生的感召力、凝聚力和驱动力，使"做到记住要求、心有榜样、从小做起、接受帮助"[1]的思想共识，成为大学生自觉践行友善行为文化的精神动力。

---

[1]　习近平:《习近平谈治国理政》第1卷，外文出版社，2018，第182页。

二、激发友善知行需求，强化友善价值理念认同

友善价值观作为一种德、一种精神，能够"为中国特色社会主义事业提供源源不断的精神动力和道德滋养"。[①] 要激发大学生对友善价值观的认知需求，使大学生在"知、情、意、行"的有机统一中，提高他们对友善价值观的认同意识，帮助他们在道德生活中做出正确判断和选择。

（一）"知"不跑偏，激发大学生的认知需求

做好大学生友善价值观引导工作，首先要将科学认知作为友善价值观引导的基础前提，通过系统的理论宣传与教育引导，使大学生对友善价值观有深刻认知。可以说，"知"对友善价值观引导的重要性。因此，强化"知"，一是要使大学生明确为何而"知"。在友善价值观引导过程中，激发大学生对友善价值观认知需求，帮助他们克服价值认知中存在的经验性、随意性和盲目性，使大学生能够主动参与到思想道德建设中，在道德践行中增强使命意识。作为友善价值观引导的基础性课题，要在激发大学生认知需要的同时，充分发挥他们践行友善价值观的主体自觉性。这就需要通过科学的理论宣传、课堂讲授以及道德实践，在学懂弄通做实上下功夫，切实把思想和行动统一到实现中国梦的伟大进程中来。二是要尊重大学生的认知需求。友善价值观"体现着一个社会评判是非曲直的价值标准"，[②] 对引导大学生走出"现代性道德困境"提供了价值指引和精神动力。面对大学生对友善价值观认知中存在的知行差异，需要

---

① 《习近平对全国道德模范表彰活动作出重要批示强调：更好构筑中国精神、中国价值、中国力量，为中国特色社会主义事业提供精神动力和道德滋养》，《人民日报》2015年10月14日，第1版。

② 习近平：《习近平谈治国理政》第1卷，外文出版社，2018，第168页。

有针对性地满足不同群体大学生的实际需要，以友善价值观理论感染力对社会道德现象进行释疑解惑。唯有如此，才能有效调动大学生对友善价值观的认知积极性，实现友善价值观理念意识与个体精神需求的有效结合，做到"知"不跑偏。

（二）以"情"动人，引导大学生的情感认同

友善价值观在由"知"到"行"的转化过程中，情感认同是关键。情感是人们心理结构的核心部分，决定着人们对友善价值观理念内涵的接受程度，进而影响人们在人际交往中的思想行为方式。要充分发挥情感教育的先导作用，实现对友善价值观的心理认同，在情感互通共融中激发他们的认知情感，从而达到具体践行的目的。为此，要现实大学生对友善价值观的情感认同，一要把握引导主体的情感需求方向。在友善价值观引导过程中，由于大学生所处的成长环境和需求层次的差异性，大学生在人际交往中的情感需求也各不相同，人际友善交往的情感倾向往往会受到个体和外界因素的影响。这就要求我们在做好大学生友善价值观引导工作时，在满足和引导大学生情感需求方向的基础上，通过正向的价值引导和情感体验，转变部分大学生对友善价值观认知的抵触情绪，使其在思想和情感上认同和接受友善价值观。二要增强大学生对友善价值观的积极情感体验。在友善价值观由知识认知向实际践行转化过程中，积极的情感体验能够有效激发大学生对友善价值观的知行转化。这就需要对友善价值观进行道德优化的同时，通过价值引领、树立典型和奖惩驱动等方式，唤起和引导大学生对友善价值观的积极情感体验，将友善价值观规范要求渗透于大学生的精神需要之中。三要创设积极情感交流空间。在友善价值观引导过程中，应当特别关注大学生在友善价值观践行中的消极行为，了解他们的心理诉求和价值困惑，将理论宣传和引导教育与解决他们生活需要和实际困难相结合，排解他们对友善价值观认同的消极情感体验。在营造积极情感体验氛围中，实现从情绪到情操的转变，提升大学生的思想道德素质。

（三）"意"志至上，坚定大学生的道德信仰

友善价值观引导是一个从认知经由情感再到意志的过程，意志是解答友善行为和实践理性的根本问题。"现代性的道德危机"所带来的负面影响之一，就是动摇了人们道德意志，特别是道德生活领域的负面事件所引发人心骚动不安，"知行不一"等问题的存在，不利于友善价值观的培育和践行。习近平总书记强调："要努力把核心价值观的要求变成日常的行动准则，进而形成奉行的信念理念。"①可以说，友善价值观引导作为一种信仰教育，坚定意志是做好友善价值观知行转化的关键。大学生友善行为意志的形成，应在友善价值观引导和大学生认知情感自主建构的同时，尊重大学生友善行为选择的主体性和自主性，引导他们通过实践和理性思考做出正确的判断和决策，通过对现实生活的自觉阐释和反思，增强大学生在面对善恶抉择时的意志力。同时，在不同场合和时机，充分利用各种载体宣传友善价值观，要告诉大学生"什么是真善美，什么是假恶丑，什么是值得肯定和赞扬的，什么是必须反对和否定的"，②引导他们深刻认识和把握友善价值观的内在价值指向。因此，要在大学生日常思想政治教育中，注重体现价值导向，注重培养大学生的独立性、果断性和思辨性等意志品质，使符合友善价值观的行为得以彰显，使违背友善价值观的行为受到制约。培养大学生捍卫践行友善价值观的坚强意志，形成良性的友善价值观引导社会风尚，这是推动大学生"以意固德"和"以德立志"过程的重要一环。

---

① 习近平：《习近平谈治国理政》第 1 卷，外文出版社，2018，第 174 页。
② 习近平：《习近平谈治国理政》第 1 卷，外文出版社，2018，第 165 页。

（四）知行合一，培育大学生道德责任感

要使大学生自觉认知和践行友善价值观，就需要"于实处用力，从知行合一上下功夫"。[①] 作为友善价值观引导的终极目标，知行合一是衡量友善价值观引导成效的根本标准。对于大学生群体中存在的"知行不一""知而不行""知行脱节"等现象，需要从以下三个方面努力克服。第一，加强宣传教育引导，牢牢把握舆论导向，发挥友善价值观对大学生人际交往的主导性影响。这就需要落实媒介融合战略，构建广覆盖、多层次、立体化的价值观传播格局，用正面声音和先进文化为友善价值观引导宣传造势，用柔性表达的方式将友善价值观道德规范传递给大学生，坚定他们践行友善价值观的道德意识。第二，提高公共文化服务水平，塑造友善价值观引导的文化环境。具有普惠性、贴近性和寓教于乐等特征的公共文化服务，有助于增强友善价值观引导的生动性与感染力，在帮助大学生认清假恶丑和弘扬真善美的同时，为友善价值观践行提供不竭源泉，达到"润物细无声"的独特效应。第三，加强社会制度的建设。面对社会中"好人难做"的道德困境，加强社会制度建设，能够为善行义举、好人好事等友善行为提供政策导向、利益导向和体制机制。同时，也要建立健全相应的制度配套，例如，在学校设立见义勇为基金、爱心基金等，消除大学生践行友善价值观的负面心理，使其融入大学生日常学习生活中，让个人交往与国家发展的感情连接得更坚固。

三、强化友善践行意志，发挥社会实践活动效用

友善价值观问题，根本上是一个实践问题，其引导建构是"在人的

---

① 习近平：《习近平谈治国理政》第 1 卷，外文出版社，2018，第 173 页。

基础上的以解决人的思想立场观点问题为核心的一种社会实践活动"。[①] 作为大学生在社会生活中的一种价值实践活动，大学生友善价值观引导中存在的问题，"都能在人的实践中以及对这个实践的理解中得到合理的解决"，[②] 在促进自身改造和友善交往中"造成了新的力量和新的观念"。[③] 要注重大学生友善行为的实践养成，使友善价值观的基本理念融入大学生日常生活之中，既从战略高度做好顶层设计，又切实重视具体政策措施的可操作性，是在实践层面上做好大学生友善品质教育的关键。

（一）丰富社会实践内容

"道不可坐论，德不能空谈"，要发挥友善价值观在人才培养中的作用，关键在社会实践。作为友善价值观引导的重要途径，要充分发挥社会实践的养成作用，充分发挥其特有的教育性和实践性的特质，在潜移默化中常为小善、修身立德。为此，开展大学生乐于参与的友善价值观社会实践活动，既要善于引导大学生以辩证思维看待现存问题，也应善于将友善价值观的理论和实践教育融合发展，使友善价值观所蕴含的真理性和主导性能够在社会实践中得以证明。例如，通过组织生产劳动、教学实习、公益活动、志愿服务和参观考察等社会实践活动形式，运用友善价值观的理念内容，引导大学生正确看待我国思想道德建设领域存在的问题，创造和发展正确的思想理论，使大学生在实践中受教育和形成正确的交往认知。

---

① 孙其昂、胡沫:《思想政治工作的人本价值》,《湖北社会科学》2002 年第 2 期, 第 8 页。

② 中共中央马克思恩格斯列宁斯大林著作编译局编译:《马克思恩格斯文集》第 1 卷, 人民出版社, 2009, 第 505—506 页。

③ 中共中央马克思恩格斯列宁斯大林著作编译局编译:《马克思恩格斯文集》第 8 卷, 人民出版社, 2009, 第 145 页。

（二）开展宣讲型社会实践

大学生具有很强的现实参与意识，渴望运用自己所学知识，发挥自己的主观能动性并做出贡献。要鼓励学生走出课堂和走向社会，通过开展宣讲型社会实践，可以有效避免"从客体的或者直观的形式去理解"[①]友善价值观，促进大学生友善品行的升华和内化。要于实处用力，通过大学生喜闻乐见的宣讲形式，端正大学生对社会实践的态度和认知，克服部分大学生对社会实践认识和心态存在偏差的现象。例如，要把道德养成和道德实践紧密结合起来，深入高校院系和学生学习生活场所进行宣讲，使大学生能够正确看待当前开展友善价值观引导的意义和成效。同时，要在把握友善价值观引导认知与践行要求的基础上，紧密结合高校办学实际和人才培养特点，选择符合自身实际的宣讲路径，有针对性地解决大学生对人际交往的困惑，提高大学生运用友善价值观解决实际问题的能力。

（三）开展研究型社会实践

开展研究型社会实践教育，不仅能够有效避免当前社会实践内容陈旧、缺乏深度等现象，而且还能有效调动大学生投身社会实践的学习热情。作为提高大学生分析现实问题和提升道德素养的有效途径，在把握时代脉搏和聚焦热点问题的基础上，用友善价值观引导大学生开展研究型社会实践活动，树立正确的人际交往理念，引导他们对当前社会交往活动存在的问题进行审慎分析，增强大学生对友善价值观认同度和践行意愿。通过开展主题鲜明的研究实践活动，最大限度发挥友善价值观的思想引领作用，使大学生在研究社会现实问题中，养成发现问题和寻找问题答案的行动意识，加深大学生对友善价值观的理解。例如，开展以

[①] 中共中央马克思恩格斯列宁斯大林著作编译局编译:《马克思恩格斯文集》第1卷，人民出版社，2009，第503页。

社会道德建设现状为主题的调研实践活动，有助于理解友善价值观与中华优秀传统文化的关系；开展旨在增强大学生社会责任感和使命感的社会实践活动，用友善价值观"推进社会公德、职业道德、家庭美德、个人品德建设"[①] 等方面调查研究，有助于加深大学生参与友善价值观引导的角色体验和责任担当。

（四）建立稳定的社会实践基地

稳定的社会实践基地能够为大学生全面发展注入活力，将实践育人和大学生友善价值观引导进行结合，在拓宽社会实践规模与提高社会实践质量的同时，以满足大学生需要为导向，在创新共建模式和双赢原则的基础上，为大学生搭建高品质的"国情调研""社会认知""服务基层"社会实践平台，有效推动学校教育与社会实践的衔接互动。当前，友善价值观引导实践基地主要包括"校本"式基地建设和"校园＋"式基地建设两种建构思路。这两种思路对于实现大学生学习知识、增长才干和服务社会的有机统一起到了助推作用，为大学生友善价值观引导提供了重要载体和具体案例。同时，通过"校园＋社会"的实践基地建设，能够很好发挥各自优势，达到社会主义核心价值观教育反哺社会的育人成效，对完善学校教育与社会教育的协同互动提供了很好的平台，有效确保社会实践过程中友善价值观引导形式与效果的统一。

---

① 习近平:《决胜全面建成小康社会 夺取新时代中国特色社会主义伟大胜利——在中国共产党第十九次全国代表大会上的报告》，人民出版社，2017，第42页。

第四节　营造友善价值观践行氛围，
拓宽友善价值观引导思路

友善作为人类社会特有的一种人际交往的社会活动，其引导建构是"在人的基础上的以解决人的思想立场观点问题为核心的一种社会实践活动"。[①] 在大学生友善价值观引导过程中，培养大学生的主体性，能够帮助大学生树立积极向"善"的社会心态，使人际交往存在的问题"都能在人的实践中以及对这个实践的理解中得到合理的解决"，[②] 在价值践行中"造成了新的力量和新的观念"。[③] 要注重大学生践行友善价值观的主体自觉性，既从战略高度做好顶层设计，又要切实重视具体引导的可操作性，这是在实践层面上做好大学生友善价值观引导的关键。

一、优化校园友善文化环境，发挥校园文化导向作用

涵育友善价值观是"落实立德树人根本任务"的时代要求和必由之路，建设校园文化是高校做好"以文化人"和"以文育人"的必然要求和重要内容。作为友善价值观引导的重要载体，校园文化能够对大学生的思想意识、价值观念、行为模式等方面产生潜移默化的积极影响。

---

① 孙其昂、胡沫:《思想政治工作的人本价值》,《湖北社会科学》2002 年第 2 期,第 87 页。

② 中共中央马克思恩格斯列宁斯大林著作编译局编译:《马克思恩格斯文集》第 1 卷,人民出版社,2009,第 505—506 页。

③ 中共中央马克思恩格斯列宁斯大林著作编译局编译:《马克思恩格斯文集》第 8 卷,人民出版社,2009,第 145 页。

（一）以夯实校园物质文化为起点，为友善价值观引导提供物质支撑

校园物质文化作为一种载体文化，不仅能为丰富和充实校园文化提供赖以生存和发展的基础，而且还能以直接外在的物质环境为社会公众所认知。充分发挥高校校园物质文化在塑造人和培养人的重要作用，可以通过以下几个方面来予以融通：一是优化校园物质文化与友善价值观引导相对称的建设环境。要充分发挥校园物质文化的审美化功能，使其在融入历史文化底蕴和现代文化视觉的基础上，将友善价值观所赋予的物质文化精神内涵展现出来，成为高校师生在日常生活中的行动向往。二是要将友善价值观的理念要求与校园物质文化建设相协调，充分发挥其"环境育人"的作用。在高校师生日常学习生活和行为交往中，将友善价值观引导与校园物质文化相统筹，不断激发他们对友善价值观的行为养成。三是加强友善价值观引导与校园物质文化建设相协同。加强校园文化的规范化建设，将友善价值观所蕴含的人文关怀的理念融入校园物质空间和环境空间中，推进"自然美"和"思想美"和谐共生的"第二自然"建设。四是创新友善价值观引导与校园物质文化建设相融合的传播路径。在创新校园基础设施和规范化体系建设中，加强网络舆论引导，协同推进友善价值观引导、校园物质文化和网络文化引领相融合的整体育人氛围。

（二）以建构校园制度文化为重点，为友善价值观引导提供制度保障

制度文化作为高校校园文化的重要组成部分，是校园文化各个组成部分的"连接点"。制度是高校师生在日常行为交往中重要的衡量标准。校园制度文化在长期的形成和完善过程中，在由外在制度向师生内化的过程中呈现出不协调、不同步的"间隔效应"。因此，可以从三个方面来发挥其怡情养志、涵育文明的作用。第一，要紧扣时代脉搏。作为一项系统性的综合工程，校园制度的设计和推广不仅涉及校内各部分，而且还需要政府和社会发挥协同育人的合力，使校园制度文化的建构能够在满足师生利益诉求、教学科研要求和人才培养中，坚定"立德树人"的教育使命。第二，要突出高校师生在建构校园制度文化的主体地位。将友善价值观渗透到制度文化执行认同和"三全"育人的全过程中，唤起高校师生对新时代合理生活方式和健康交往方式的追求。三是要科学制定评价机制。校园制度文化作为校园物质文化、精神文化、行为文化的"中间地位"，要充分发挥制度载体的育人功能和激发师生的内在行为。同时，根据人际交往实践、教育形势发展和师生多元需求等变化，及时调整不符合高校办学实际和师生利益诉求的规章制度，将外在的制度文化转变为践行友善价值观的行为氛围，确保校园制度文化建设的可持续发展。

（三）以营造校园行为文化为热点，为友善价值观引导提供传播渠道

友善价值观与校园行为文化的良性互动，需要在发挥自觉性、坚持导向性和掌握激励性等原则的基础上，实现二者之间的统一协调。要使大学生在校园行为文化的熏陶中认同友善价值观，可以从以下四个方面来实现价值引领：一是要加强大学生行为养成习惯教育，对校园行为文化的时代性和先进性进行系统阐述，将友善价值观作为判断高校师生行为文化与校园精神是否合理的重要标准。重视发挥课堂教学的主渠道作用，将校园行为文化的正向价值和综合效应在受众主体中进行渗透，在树立行为文化评判标准的同时，引导大学生正视当前社会存在的不良行为文化，强化行为文化的"红线意识"，树立行为文化的"底线思维"。二是推动校园行为文化运行的有效机制。校园行为文化的营造作为一项系统工程，需要协调教育主客体关系、整合不同的资源要素和畅通的活动执行体系，这就需要建立与校园行为引导相适应的运作机制。正确处理好工作方向与行为导向之间的关系，使校园文化行为氛围的营造与新时代提升社会文明程度相协同。三是开展丰富多彩的校园活动。通过探索体验式和互动式的校园文化活动，将友善价值观的精神内涵渗透现实行为中，营造大学生友善价值观引导的校园行为文化氛围。四是营造校园友善行为文化的氛围导向。要充分发挥校园行为文化的导向作用，通过强调先进典型的友善形象，使大学生将其视为建构理想自我的投射物，让"真善美"的道德风尚成为他们的行为共识。

（四）以弘扬校园精神文化为亮点，为友善价值观引导提供精神动力

校园精神文化作为高校校园文化建设的核心，是高校师生传承和发展的一种群体文化。作为最能体现校园文化本质内容的校园精神，其所蕴含的师生共同文化观念、价值尺度和精神导向等，能够为友善价值观引导提供重要的精神涵养。友善价值观引导与校园精神文化传承的实质，需要在坚持正确导向和牢固树立共同理想的基础上，充分展现时代风貌。首先，科学挖掘校园精神文化中的友善精神价值。例如，突出校训载体，充分挖掘学校办学历史中友善师生关系和教育传统，在历史和现实两个维度中挖掘"崇德向善"的精神理念，使其成为涵养友善价值观的重要载体。其次，要坚持科学原则，将差异发展理念融入校园精神文化的引导进程中。要使友善价值观目标理念发挥校园精神文化的熏陶作用，坚持在"宏观引领、微观建构、文化渗透和实践养成"的原则前提下，把握校园精神文化的科学发展思路和方向。根据不同高校的办学特色，在"坚持联系实际，区分层次和对象，加强分类指导"①的总体思路下，开展针对友善价值观引导的实践活动。再次，营造人际友善共生的校园精神文化。在"坚持以人为本、尊重人的主体地位、关注人们利益诉求和

---

① 中共中央文献研究室编《十八大以来重要文献选编（上）》，中央文献出版社，2014，第579页。

价值愿望、促进人的全面发展"① 的逻辑前提下，加强对大学生的个人品德教育，使"修身律己、崇德向善、礼让宽容的道德风尚"② 成为校园精神文化的新增长点，引导大学生在交往实践中实现自我价值和友善行为认同。

二、加强法治文化氛围营造，引导崇德向善良好环境

党的十九大对培育和践行社会主义核心价值观、全面推进依法治国做出了整体部署，并提出了原则性要求。这一战略旨在推进友善价值观与法治一体化建设进程中，进一步呼应德治与法治如何相结合的时代大命题。作为国家治理体系和治理能力现代化的重大战略举措，习近平总书记指出："要用法律来推动核心价值观建设。"③ 将友善价值观"融入法治国家、法治政府、法治社会建设全过程"，④ 这为社会主义核心价值观融入立法修法奠定了基础。全面推进新时代友善价值观与法治一体化建设，是友善价值观转化为人们的情感认同与行为习惯的重要保障，是积极破解道德领域突出问题、正确理解良法善治精神的时代要求，其建设理念是对"德法共治"实践智慧的精准把握和深入融合。

（一）培养大学生在校园生活中的法治思维

将法治思维融入大学生友善价值观建设中，有利于提高大学生在人

---

① 中共中央文献研究室编《十八大以来重要文献选编（上）》，中央文献出版社，2014，第 579 页。

② 中共中央文献研究室编《十八大以来重要文献选编（上）》，中央文献出版社，2014，第 584 页。

③ 习近平:《习近平谈治国理政》第 1 卷，外文出版社，2018，第 165 页。

④ 《中办国办印发〈关于进一步把社会主义核心价值观融入法治建设的指导意见〉》，《人民日报》2016 年 12 月 26 日，第 1 版。

际交往中明辨是非的能力，对友善行为养成至关重要。为此，将法治思维融入大学生友善品质养成，既要靠教育，同时也是一个长期、渐进的过程。首先，用法治思维规范校园文明秩序，将友善价值观的价值理念融入依法治校全过程中。通过开展法治宣传和教育等系列活动，营造理性平和的校园法治氛围。同时，运用法治思维提升大学生的实践理性和思考能力，为友善价值观引导提供良好的校园法治环境。其次，用政策导向保障校园文明环境。通过积极培育和践行友善价值观，提升社会主义核心价值观的话语权和主导权。通过引导大学生表达合理的政治期望，提高大学生在日常生活中有更多获得感。此外，要丰富道德激励评价机制的舆论引导方式。要根据大学生日常生活和人际交往中不同的利益需求和知行现状进行及时引导。在坚持正确舆论导向的前提下，加强对大学生友善价值观的引导和宣传，鼓励大学生以积极的友善姿态来参与公共生活。

（二）实现友善价值观与法治理念的融合、入心与成行

习近平总书记指出："要把实践中广泛认同、较为成熟、操作性强的道德要求及时上升为法律规范。"[①] 推进友善价值观与法治理念的融合、入心与成行，对全社会崇德向善风气形成影响深远。在现实生活中，针对思想道德领域存在的焦点问题，要做到精准立法，用明确的法律条文规范道德事件的发生和判决。精准立法对友善价值观引导影响重大，要将友善价值观所体现的价值准则和行为规范纳入法律法规体系的建设范围。一是要在立法层面着力，密切联系社会生活实际，将友善价值观所蕴含的道德规范成文成规。二是要在执法层面发力，将友善价值观的柔性理念与法律的刚性规范有机结合，对突破道德底线的事件，政府部门要规

---

① 习近平:《习近平谈治国理政》第 2 卷，外文出版社，2017，第 134 页。

范行政执法程序和方式，切实保障社会公众的合法权益。同时，要提升政府和媒体的公信力，引导大学生理性地看待社会问题，夯实大学生对友善价值观的践行勇气。三是在司法层面着力，将违背友善价值观典型案例予以定期公布，通过个案规范司法解释和法律适用，在正确舆论导向的引导下，建构新型人际关系和汇聚崇德向善正能量。同时，通过推进司法审判庭审公开的制度化，使大学生在观看对相关案件庭审过程中，形成知法、遵法、守法的认知，成为弘扬社会正义和建构和谐社会的自觉践行者。

（三）依法治理网络伪善言行，营造清朗网络空间

网络传播自主性、互动性和即时性等特点，在颠覆了传统人际交互和时空界限的同时，也为网络中的伪善言行提供了传播空间。同时，大学生作为使用网络的重要群体，由于知识水平和道德评价标准有限，部分人对伪善行为言论缺乏应有的警惕性和辨识力。面对此类问题，党的十九大报告明确指出："加强互联网内容建设，建立网络综合治理体系，营造清朗的网络空间。"① 特别是要运用法治思维来加强对网络伪善言行的治理，发挥友善价值观的正面引领效应，为大学生在网络人际交往困惑提供精准思想供给。一要重视提升大学生的法律意识，帮助大学生甄别网络中的有害信息，使大学生明确"网络并非言行法外之地"，自觉抵制网络伪善言行的传播蔓延；二要高度重视传播的有效性，加强对网络失德行为的法律惩戒。网络伪善言行所带来的社会危害性不言而喻，要密切关注网络伪善言行的传播途径，运用法治手段惩戒此类现象。同时，要充分注意网络空间中人际互动出现的自组织化倾向、群体极化、数字依赖倾向等，坚持正面引导来增强友善价值观的吸引力和感染力，对不

---

① 习近平：《决胜全面建成小康社会 夺取新时代中国特色社会主义伟大胜利——在中国共产党第十九次全国代表大会上的报告》，人民出版社，2017，第42页。

良社会现象、怨气怨言和知行困惑等进行个性化和精准化引导。三要加强信息推动辐射力，强化网络监管措施。依法搭建友善价值观引导的网络平台，根据网络信息传播特点及受众群体的实际需求，针对网络伪善言行的散播现象，建构教育主体信息推送机制，揭露网络伪善言行的虚伪性和危害性。同时，要对大学生网络言行进行监督管理，完善管理措施，从建立评优、考核和引导体系等机制，形成友善价值观网络引导的"红线意识"。

三、顺应媒体融合发展趋势，巩固友善思想文化阵地

网络在很大程度上改变了人际交往和社会活动方式，这种"变革的实践"使人们的精神生活在内容和形式上都发生了巨大的变化。同时衍生出的信息碎片化、知识快餐化和传播泛娱乐化等问题，对社会规范与生活秩序的建构带来了极大的挑战。大学生友善价值观引导需要在网络人际交往中融入友善共生的价值理念，帮助大学生在网络中正确选择和取舍信息来源，使"正义和道德的基础"成为引领网络空间健康发展的思想共识。培育向上向善的网络文化需要增强友善价值观网络引领的时代感和吸引力，用正面声音和先进文化来"滋养人心、滋养社会"，[①] 使网络成为弘扬正能量和宣传主旋律的重要阵地，为"青少年营造一个风清正气的网络空间"。[②]

（一）建立平等友善的传授关系

友善价值观网络引导的实践智慧，应当在强调教育主客体之间良性互动的前提下，突破现实社会交往的"对话式"交流模式。要密切关注

---

① 习近平:《习近平谈治国理政》第 2 卷，外文出版社，2017，第 337 页。
② 习近平:《习近平谈治国理政》第 2 卷，外文出版社，2017，第 337 页。

大学生在网络生活中的思想动态、价值观念和行为表达，增强友善价值观网络传播的时效性。随着网络交往中话语传播的交互性与分众化日益明显，特别是面对庞杂的网络信息，大学生处理信息的能力有限，对互联网中存在的不同声音和内容缺乏辨识力。要在建立平等友善互动关系的基础上，培养大学生的媒介素养，不断强化大学生对友善价值观的情感认同。与此同时，要充分尊重大学生网络交往的主体地位，在跟上生活变化的节奏的同时，使友善价值观所蕴含的生活实践智慧，成为建构网络美好生活秩序的精神资源。为此，一要坚持可操作性和贴近性原则，重视整合友善价值观网络引导的道德资源，发挥友善价值观对网络人际交往的正向引导作用，特别是要克服网络信息技术理性所造成二元性、过度化的网络社会后果，重塑平等友善的网络交往伦理。二要坚持友善价值观网络引导增量和提效的统一，在平等友善的网络生活交往中，拓宽友善价值观引导载体平台，提高友善价值观网络信息传播质量，更好地满足大学生网络人际精神交往的需求，形成网络人际友善交往的"共同场"。三是要确立平等友善网络传播的正确方向，从物质交往和精神交往的辩证统一中，精准把握大学生对网络生活交往的规律，在双向互动和平等交流的网络传播情境中，实现大学生思想情操的升华。

（二）打造隐性价值导向平台

友善价值观是国家、社会和个人生存和发展所应遵循的道德规范和价值追求。在现实和虚拟交往中，友善价值观对引导人们向往和追求讲道德、尊道德、守道德的生活，形成强大的推动力量。网络空间成为各种复杂矛盾和问题聚焦的舆论集散地，难点在于如何打造隐形价值导向平台，使正确的网络舆论导向和价值观念深入人心。面对当前网络伪善言论的负面影响，应当从网络受众的个性化需求出发，创新友善价值观引导的网络传播方式。然而，大学生作为网络的庞大用户群之一，对网络伪善言论的甄别仍欠缺辨识意识。因此，这就需要我们在打造隐形价值导向平台的同时，重视提升网络舆论引导的能力。面对涉及思想道德领域的热点事件时，通过线上平台交流及线下设置议题讨论，发挥友善价值观对舆论走势的导向作用，增强友善价值观的解释力和说服力。可以说，隐形价值导向平台的打造，能够将价值传播和情感激发结合起来，培养大学生优良的网络道德人格。因此，应当在打造隐性网络导向平台的基础上，解决网络文化主导性与多元性的矛盾，提升大学生对网络伪善言论的分析批判能力，延伸友善价值观引导的网络交流场域，营造友善价值观引导网络良好生态。

（三）有效把握网络舆情脉搏

随着信息化、网络化时代的到来，大学生在人际交往中的身份、角色和价值诉求发生了重大变化，特别是网络人际交往的虚拟性、隐匿性和盲目性等特点，使其容易成为滋生不法行为的温床，对网络舆论监控带来不利影响。在现代社会舆论格局中，有效把握网络舆情脉搏，能够产生一种无形而强大的力量。当前，网络舆情中依然存在各种复杂和尖锐的问题。正确发挥网络舆情引导的广泛性和互动性，能够对友善价值观引导产生强大动员力。因此，精准把握网络舆情脉搏，对掌握舆论主动权至关重要。通过增强友善价值观网络舆论宣传吸引力，在做好网络舆论引导和深化思想认识的同时，培养大学生网络主体意识和批判能力。在"任何个体的价值都可能得以放大、升级、汇集、传播"[①] 的融媒体时代，各类媒体对同类信息进行连续性、持续性传播，也给大学生的价值认知带来了负面影响。这就需要我们在网络传播友善价值观时，要善于营造群体认同的情感文化，打造多样化的友善价值观传播体系和群体互

---

① 卢彦：《互联网思维2.0：传统企业互联网转型》，机械工业出版社，2015，第137页。

动方式，切实提高网络舆情对友善价值观话语传播的情感体验。通过把握群体脉搏和掌握群体动态，在价值交锋中最大化地影响群体价值取向，引导大学生更好地辨别、感知、认同和践行友善价值观。

（四）优化内容结构设计，丰富网络互动形式

随着大学生对网络话语功能和本质的认识深化，同时网络空间话语传播所呈现出的复杂性和易变性，对大学生的思想动向、价值取向和行为方向带来了不利影响。因此，找准工作的切入点和着眼点来优化友善价值观网络引导的内容设计，丰富网络互动形式就显得格外重要。网络传播自主性、互动性和即时性等特点，颠覆了传统人际交互和时空界限。提升友善价值观的网络话语表达和互动形式，才能在网络思想博弈中获得话语主导权。为此，高校思想政治教育工作者应当根据社会的思想状态和网络的舆情特点，在把握网络思想政治教育整体性趋势的基础上，不断优化价值观引导的内容结构设计，在网络互动中突出友善价值观传播的层次性要求，激发广泛的群体交流，实现友善价值观网络引导的正面社会效应。以全新手段和形式适应现代信息传播的新形势，建设信息平台作为传播友善价值观的重要窗口，及时发布大学生关心的热点问题和有关资讯；组织专家学者与大学生进行网络交流，就社会热点难点问题在网络上进行讨论，在尊重差异中提高大学生对友善价值观的感知，使大学生在自己的认识中确证并表现自身。同时，要增强友善价值观网络引导的感召力、影响力和生命力，破解网络工具性与教育价值性之间的张力，实现网络价值传播的价值供给和信息需求的匹配，在网络互动中实现友善价值观的时代转型。另外，在丰富教育素材和深挖现象内涵的基础上，根据不同受众群体的价值需求和情感态度，创新社会主义核心价值观话语的表达方式，增强网络互动中信息传播的冲击力和感染力。

结　语

习近平总书记指出:"国无德不兴,人无德不立。"[1] 这就为立什么德和怎样立德提供了更高的战略定位。友善作为人际交往基本道德规范,为避免人际冲突、改善不良风气和调整社会心态提供价值引领。友善价值观作为大学生人际交往的立身之本,是落实"立德树人"根本任务的关键环节,应在接续优秀传统和关注社会现实的基础上,不断培养大学生的道德勇气和责任感,帮助大学生拧紧思想"总开关",坚定文化自信和社会主义核心价值观自信。从当前大学生友善价值观引导的实际情况来看,我们可以从三个主要方向来把握友善价值观引导和传承问题。

第一,坚持运用历史唯物主义,引导大学生正确认识和把握当前中国思想道德建设领域存在的问题。大学生友善价值观引导作为新时代我国思想道德建设的重要组成部分,意味着我们需要从历史和现实的角度,正确看待改革和发展过程中所出现的行为失范等突出问题,引导大学生形成积极向上的道德态度,重视运用历史唯物主义这个"看家本领"。要坚持问题导向和因势利导,将大学生对友善价值理念的认知与实践引进历史唯物主义的视野中,以此来应对大学生友善价值观引导中存在的问

① 习近平:《习近平谈治国理政》第 1 卷,外文出版社,2018,第 168 页。

题。要适应社会改革和发展进程中大学生思想观念的变化，自觉运用历史唯物主义开展友善价值观引导的理论和实践创新，达到优化社会舆情和营造抑恶扬善的良好氛围。

第二，将大学生友善价值观引导与当前中国思想道德建设相融合。友善价值观所蕴含的价值理念和行为准则，是协调个人、社会与自然之间和谐共生的"助推器"。在理论研究和实践引导中强调其内在的逻辑联系，将友善价值观转化为大学生的情感认同和行为习惯，为实现中华民族伟大复兴的中国梦提供理论关照和现实指引。

第三，增强道德主体的自觉自律，是新时代大学生友善价值观引导的关键。人际友善交往是社会整体道德水平提升的一个重要标准，而这其间的有效途径和关键环节就是增强大学生对友善价值观知行的自觉自律。从社会性的角度看，友善作为一种道德规范是受生产关系决定的社会意识规范；从个体性的角度看，友善就是人际交往实践精神的体现。因此，增强大学生对友善价值观知行的主体自觉性，是做好友善价值观引导的关键。然而，在现实生活中，面对大学生友善价值观引导存在的问题，需要将友善价值观所蕴含的价值理念与大学生的使命担当有机结合起来，为培养担当民族复兴大任的时代新人提供道德支撑。

大学生友善价值观引导作为思想政治教育的内容之一，是提升大学生思想道德素质的关键环节，也是高校思想政治教育工作者应当思考和实践的时代课题。在营造友善价值观引导的良好舆论氛围的同时，抓住大学生社会主义核心价值观养成的这一关键时期，将友善价值观转化为他们的行动自觉，有效解决他们在思想道德领域存在的各种问题，使他们成为社会主义现代化建设需要的有用之才。

附录　当代大学生友善价值观认知现状调查问卷

亲爱的同学：

　　您好！感谢您在百忙之中阅读填写调查问卷！

　　本次调查的目的是了解大学生日常学习生活中对友善价值观的知行状况，为改进大学生友善价值观引导工作提供参考。问卷调查的数据仅用于撰写博士论文，不会对您的个人生活带来负面影响。请您耐心并客观回答问卷中所提出的问题，衷心地感谢您的参与和配合！

"大学生友善价值观引导研究"课题组

2018 年 9 月

第一部分　基本信息。请在合适的选项前打"√"。

1. 您的性别是 ＿＿＿

□男　　　　　　　　　　□女

2. 您目前的年级是 ＿＿＿

□大学本科一年级　　　　□大学本科二年级

□大学本科三年级　　　　□大学本科四年级

□大学本科五年级

3. 您的学科背景是 ____

　　□理工农医　　　　　　　　□人文科学　　　　　　　　□社会科学

4. 您的政治面貌是 ____

　　□中共党员　　　　　□非中共党员

5. 您是否担任或担任过学生干部 ____

　　□有　　　　　　　　□没有

第二部分　问卷内容

回答以下问题，请在最符合或者接近你观点的选项下作出选择；若选"其他"，请在横线上写出具体内容。

1. 我对"三个倡导"中所提到的友善价值观：

A 非常同意

B 同意

C 不确定

D 不同意

E 非常不同意

2. 我认同友善价值观与个人的日常生活关系密切：

A 非常同意

B 同意

C 不确定

D 不同意

E 非常不同意

3. 我认为在当前高校大学生奉行的友善价值观是：

A 个人主义的友善交往

B 义利合一

C 存义去利

D 见利忘义

4. 我对生活中助人为乐等友善行为：

A 非常赞赏，理所应当去做的事情

B 比较认可，自己做得还不够

C 那都是模范、榜样们的事情

D 不太在意，与自己无关

5. 我认同中华优秀传统友善思想内涵是：

A 与人为善，善莫大焉

B 出入相友，守望相助

C 己所不欲，勿施于人

D 择优而善，择善而友

6. 我对友善价值观的理论渊源与价值内涵：

A 非常了解

B 了解

C 不了解

D 非常不了解

7. 我对别人友善的原因是什么

A 别人对我友善

B 天生性格使然

C 为了结交更多的朋友

D 不清楚

8. 我认为"扶人被讹""好心没好报""英雄流血又流泪"等社会现象：

A 影响很恶劣，对助人为乐行为会慎重考虑

B 有影响，但仍会认为这是小概率事件

C 有影响，世风日下，世态炎凉

D 没有影响，依然坚信友善的力量

9. 我对大学生人际交往中存在的恶行为持何种态度

A 比较厌恶和气愤

B 可以理解

C 习以为常，见惯不怪

D 无所谓，自己不做就行

10. 看到校园内有同学打架斗殴等现象，我会：

A 上前制止，并第一时间告知老师

B 矛盾心理，担心说出来得罪人

C 多一事不如少一事

D 打架是很正常的事，打完就没事了

11. 我对"马加爵事件""复旦大学投毒案"以及校园发生恶性事件：

A 震惊

B 憎恨

C 同情

D 不了解

12. 我认为当代大学生的人际交往现状：

A 整体状况不错，主流是积极向上的

B 比以前有进步，但也出现很多问题

C 比以前没有什么变化

D 道德水平滑坡，不容乐观

13. 在整个成长过程中，对"雷锋精神"的认识和看法有没有什么转变？

A 有，而且很大

B 稍微有一点

C 没有，但是开始质疑

D 完全没有

14. 我参加各种社会实践活动可以向他人表明我拥有友善特质：

A 非常同意

B 同意

C 不确定

D 不同意

E 非常不同意

15. 我参加各种社会组织可以向他人表明我拥有友善特质：

A 非常同意

B 同意

C 不确定

D 不同意

E 非常不同意

16. 我每年参加志愿服务、义务劳动、敬老爱幼等友善公益活动的次

数是：

A 每年 5 次以上

B 每年 3—4 次

C 每年 1—2 次

D 没有参加

17. 我认为影响当代大学生认知友善价值观的个人因素是：

A 从众、趋利避害等心理

B 意志品质

C 自律意识

D 生活阅历

18. 网络人际友善交往非常重要：

A 非常同意

B 同意

C 不确定

D 不同意

E 非常不同意

19. 虚拟世界中的伪善言行是不道德行为：

A 非常同意

B 同意

C 不确定

D 不同意

E 非常不同意

20. 您认为当前高校的大学生友善价值观认知现状是：

A 学校很重视，措施很有效，效果很满意

B 学校很重视，措施比较有效，有一定效果

C 学校比较重视，但形式大于内容，效果一般

D 学校不太重视，教育方法陈旧，实效性低下

21. 学校开展友善价值观引导系列教育实践活动能够影响我的友善知行：

A 非常同意

B 同意

C 不确定

D 不同意

E 非常不同意

22. "道德榜样"对我的友善行为践行具有带动作用：

A 非常同意

B 同意

C 不确定

D 不同意

E 非常不同意

23. 我认为当前认同和践行友善价值观最有效的载体和途径，请选出 5 种：

A 网络 B 学校课程 C 广播 / 电视 D 讲座 / 报告会 / 培训班 E 日常交流 F 家庭教育 G 其他

24. 我认为对大学生践行友善价值观最具有影响因素，请选出 5 种：

A 社会风气 B 家庭教育 C 学校环境 D 网络报道 E 亲朋好友 F 明星偶像 G 报刊书籍

第三部分：人格特征基本认知。请在合适的选项前打"√"。

数字表示：1=非常不同意，2=不同意，3=略微不同意，4=一般，5=略微同意，6=同意，7=非常同意						
1. 我是一个外向的人	1	2	3	4	5	6	7
2. 我不是一个内敛的人	1	2	3	4	5	6	7
3. 我会毫无保留地帮助他人	1	2	3	4	5	6	7
4. 我不是冷漠无情的人	1	2	3	4	5	6	7
5. 我是一个包容他人缺点的人	1	2	3	4	5	6	7
6. 我是一个理智的人	1	2	3	4	5	6	7
7. 我是一个文明的人	1	2	3	4	5	6	7
8. 我是一个有温度的人	1	2	3	4	5	6	7
9. 我是一个害怕惹事的人	1	2	3	4	5	6	7

10. 我是一个敏感的人	1	2	3	4	5	6	7
11. 我是一个情感脆弱的人	1	2	3	4	5	6	7
12. 我是一个容易受伤的人	1	2	3	4	5	6	7
13. 我是一个做事随性的人	1	2	3	4	5	6	7
14. 我是一个有责任心的人	1	2	3	4	5	6	7
15. 我是一个耐心的人	1	2	3	4	5	6	7
16. 我是一个细心的人	1	2	3	4	5	6	7
17. 我是一个友善的人	1	2	3	4	5	6	7
18. 我是一个有距离感的人	1	2	3	4	5	6	7
19. 我是一个热于助人的人	1	2	3	4	5	6	7
20. 我是一个有同理心的人	1	2	3	4	5	6	7

第四部分：面子观基本认知。请在合适的选项前打"√"。

数字表示：1=非常不同意，2=不同意，3=略微不同意，4=一般，5=略微同意，6=同意，7=非常同意

1. 我希望拥有一般人没有但渴望的特质	1	2	3	4	5	6	7
2. 我很在乎他人对我的夸奖和称赞	1	2	3	4	5	6	7
3. 我希望大家认为我能办成一般人办不成的事	1	2	3	4	5	6	7
4. 我希望自己在聊天时总能说出别人不知道的事	1	2	3	4	5	6	7
5. 我希望在别人眼中，我比大多数人都乐于助人	1	2	3	4	5	6	7
6. 当谈及我的弱项时，我总希望转移话题	1	2	3	4	5	6	7

第五部分：关系基本认知。请在合适的选项前打"√"。

数字表示：1=非常不同意，2=不同意，3=略微不同意，4=一般，5=略微同意，6=同意，7=非常同意

1. 我非常在意他人对我所做事情的评价	1	2	3	4	5	6	7
2. 在做事情之前，我会在意我他人的感受	1	2	3	4	5	6	7

3. 当身边人需要帮助时，我会尽力帮助他们	1	2	3	4	5	6	7
4. 在我和朋友之间，"给予和获取"是重要的一部分	1	2	3	4	5	6	7
5. 朋友之间的相互帮助，可以增强与他们的关系	1	2	3	4	5	6	7
6. 我会回报曾经帮助我的朋友	1	2	3	4	5	6	7
7. 人际相互交往，信任是前提	1	2	3	4	5	6	7
8. 我是言行一致的人	1	2	3	4	5	6	7
9. 没有主体的人格对等，信任行为不可能发生	1	2	3	4	5	6	7

第六部分：同伴关系基本认知。请在合适的选项前打"√"。

数字表示：1=非常不同意，2=不同意，3=略微不同意，4=一般，5=略微同意，6=同意，7=非常同意

1. 我从朋友那里获知很多友善价值观常识	1	2	3	4	5	6	7
2. 我从朋友那里获知很多思想道德领域的问题	1	2	3	4	5	6	7
3. 我经常与朋友探讨社会道德问题	1	2	3	4	5	6	7
4. 我经常与朋友分享关于善恶问题的信息	1	2	3	4	5	6	7

第七部分：政府倡导基本认知。请在合适的选项前打"√"。

数字表示：1=非常不同意，2=不同意，3=略微不同意，4=一般，5=略微同意，6=同意，7=非常同意

1. 鼓励善行义举是政府的职责，而非在于我个人	1	2	3	4	5	6	7
2. 学校应该要求全体学生学习关于解决道德价值观问题的课程	1	2	3	4	5	6	7
3. 政府应该加大投入，营造惩恶扬善的良性氛围	1	2	3	4	5	6	7
4. 政府应该实施善行义举的规章和条例	1	2	3	4	5	6	7

第八部分：学校氛围基本认知。请在合适的选项前打"√"。

数字表示：1=非常不同意，2=不同意，3=略微不同意，4=一般，5=略微同意，6=同意，7=非常同意

1. 学校老师的师德师风对我友善观念的养成起着重要作用	1	2	3	4	5	6	7
2. 学校的学习风气有助于我养成良好的道德意识	1	2	3	4	5	6	7
3. 我愿意在公开场合提及学校在思想道德建设领域的成就	1	2	3	4	5	6	7
4. 崇德向善氛围的形成，使我有合理表达自我观点的空间	1	2	3	4	5	6	7
5. 校园足够开放，使我有与不同院校、专业交流的机会	1	2	3	4	5	6	7
6. 学校对学生个性发展的关注，培养了我积极向善的个人品德	1	2	3	4	5	6	7
7. 我在学校生活具有安全感和归属感	1	2	3	4	5	6	7

第九部分：家庭影响基本认知。请在合适的选项前打"√"。

数字表示：1=非常不同意，2=不同意，3=略微不同意，4=一般，5=略微同意，6=同意，7=非常同意

1. 我从父母那里获知很多友善价值观常识	1	2	3	4	5	6	7
2. 我从父母那里获知很多思想道德领域的问题	1	2	3	4	5	6	7
3. 我经常与父母探讨社会道德问题	1	2	3	4	5	6	7
4. 我经常与父母分享关于善恶问题的信息	1	2	3	4	5	6	7
5. 我从父母那里获知很多友善价值观常识	1	2	3	4	5	6	7

第十部分：友善价值观基本认知。请在合适的选项前打"√"。

数字表示：1=非常不同意，2=不同意，3=略微不同意，4=一般，5=略微同意，6=同意，7=非常同意

1. 我是表里如一的人	1	2	3	4	5	6	7
2. 我是知行合一的人	1	2	3	4	5	6	7

3. 我会平等对待每一个人	1	2	3	4	5	6	7

第十一部分：友善行为意向基本认知。请在合适的选项前打"√"。

数字表示：1=非常不同意，2=不同意，3=略微不同意，4=一般，5=略微同意，6=同意，7=非常同意

1. 他人有困难我会第一时间伸出援助之手	1	2	3	4	5	6	7
2. 我会将我的友善行为传递给他人	1	2	3	4	5	6	7

问卷结束。

感谢您的参与。

参考文献

一、重要文献

中共中央马克思恩格斯列宁斯大林著作编译局编译:《马克思恩格斯文集》第1—10卷,人民出版社,2009。

中共中央马克思恩格斯列宁斯大林著作编译局编译:《列宁选集》第1—4卷,人民出版社,2012。

毛泽东:《毛泽东选集》第1—4卷,人民出版社,1991。

毛泽东:《毛泽东文集》第1—2卷,人民出版社,1993。

毛泽东:《毛泽东文集》第3—5卷,人民出版社,1996。

毛泽东:《毛泽东文集》第6—8卷,人民出版社,1999。

邓小平:《邓小平文选》第1—2卷,人民出版社,1994。

邓小平:《邓小平文选》第3卷,人民出版社,1993。

江泽民:《江泽民文选》第1—3卷,人民出版社,2006。

胡锦涛:《胡锦涛文选》第1—3卷,人民出版社,2016。

习近平:《习近平谈治国理政》第1卷,外文出版社,2018。

习近平:《习近平谈治国理政》第2卷,外文出版社,2017。

习近平:《习近平谈治国理政》第3卷,外文出版社,2020。

习近平:《决胜全面建成小康社会夺取新时代中国特色社会主义伟大胜利——在中国共产党第十九次全国代表大会上的报告》,人民出版社,2017。

习近平:《在庆祝中国共产党成立100周年大会上的讲话》,人民出版社,2021。

习近平:《在庆祝改革开放40周年大会上的讲话》,人民出版社,2018。

习近平:《在纪念马克思诞辰200周年大会上的讲话》,人民出版社,2018。

本书编写组编:《党的十九大报告辅导读本》,人民出版社,2017。

中共中央宣传部:《习近平新时代中国特色社会主义思想三十讲》,学习出版社,2018。

中共中央文献研究室编:《十八大以来重要文献选编(上)》,中央文献出版社,2014。

中共中央文献研究室编:《十八大以来重要文献选编(中)》,中央文献出版社,2016。

中共中央党史和文献研究院编:《十八大以来重要文献选编(下)》,中央文献出版社,2018。

中共中央党史和文献研究院编:《十九大以来重要文献选编(上)》,中央文献出版社,2019。

中共中央党史和文献研究院编:《十九大以来重要文献选编(中)》,中央文献出版社,2021。

中共中央宣传部编:《习近平总书记系列重要讲话读本(2016年版)》,学习出版社、人民出版社,2016。

中共中央文献研究室编:《习近平关于实现中华民族伟大复兴的中国梦论述摘编》,中央文献出版社,2013。

中共中央文献研究室编:《习近平关于青少年和共青团工作论述摘编》,中央文献出版社,2017。

中共中央文献研究室编:《习近平关于社会主义文化建设论述摘编》,中央文献出版社,2017。

中共中央文献研究室编:《习近平关于社会主义社会建设论述摘编》,中央文献出版社,2017。

习近平:《坚定文化自信,建设社会主义文化强国》,《求是》2019年第12期。

习近平:《论中国共产党历史》,中央文献出版社,2021。

二、中外著作

(一)国内著作

何怀宏:《良心论》,上海三联书店,1994。

朱小蔓:《教育的问题与挑战——思想的回应》,南京师范大学出版社,1999。

何建华:《道德选择论》,浙江人民出版社,2000。

李萍:《现代道德教育论》,广东人民出版社,2001。

倪愫襄:《善恶论》,武汉大学出版社,2001。

万俊人:《现代性的伦理话语》,黑龙江出版社,2002。

骆郁廷:《精神动力论》,武汉大学出版社,2003。

项久雨:《思想政治教育价值论》,中国社会科学出版社,2003。

鲁洁:《德育现代化实践研究》,江苏教育出版社,2003。

罗国杰：《以德治国与公民道德建设》，河南人民出版社，2003。

金生鈜：《德性与教化》，湖南大学出版社，2003。

李萍：《公民日常行为的道德分析》，民主与建设出版社，2004。

沈壮海：《思想政治教育的文化视野》，人民出版社，2005。

高德胜：《生活德育论》，人民出版社，2005。

高瑞泉：《中国现代精神传统——中国现代性观念谱系》，上海古籍出版社，2005。

张耀灿：《思想政治教育学前沿》，人民出版社，2006。

张耀灿等《现代思想政治教育学》，人民出版社，2006。

李佑新：《走出现代性道德困境》，人民出版社，2006。

樊浩：《道德形而上学体系的精神哲学基础》，中国社会科学出版社，2006。

万美容：《思想政治教育方法发展研究》，中国社会科学出版社，2007。

李萍：《全球化视野中的伦理批判与道德教育的重构》，人民出版社，2007。

罗国杰：《中国伦理思想史（上下卷）》，中国人民大学出版社，2008。

张澍军：《德育哲学引论》，中国社会科学出版社，2008。

万俊人：《再说"道德冷漠"》，辽宁人民出版社，2009。

张再兴：《网络思想政治教育研究》，经济科学出版社，2009。

杨国荣：《善的历程：儒家价值体系研究》，华东师范大学出版社，2009。

吴潜涛：《当代中国公民道德状况调查》，人民出版社，2010。

戚万学：《道德教育的文化使命》，教育科学出版社，2010。

江畅：《德性论》，人民出版社，2011。

陈新汉:《警惕核心价值体系"边缘化危机"》,社会科学文献出版社,2011。

佘双好:《当代社会思潮对高校师生的影响及对策研究》,中央编译出版社,2012。

郑永廷、罗姗:《中国精神生活发展与规律研究》,中山大学出版社,2012。

石云霞:《马克思主义理论教育思想发展史研究(上下)》,中国社会科学出版社,2012。

樊浩:《中国伦理道德报告》,中国社会科学出版社,2012。

樊浩:《中国大众意识形态报告》,中国社会科学出版社,2012。

冯秀军:《社会变革时期中国大学生道德价值观调查》,教育科学出版社,2013。

李建华:《趋善避恶论——道德价值的逆向研究》,北京大学出版社,2013。

袁贵仁:《价值观的理论与实践——价值观若干问题的思考》,北京师范大学出版社,2013。

鲁洁、冯建军:《教育转型:理论、机制与建构》,教育科学出版社,2013。

冯刚、郑永廷:《思想政治教育学科 30 年发展研究报告》,光明出版社,2014。

吴潜涛:《社会主义荣辱观研究》,中国人民大学出版社,2014。

骆郁廷、倪愫襄:《道德 人生 社会:中国特色社会主义思想道德建设》,武汉大学出版社,2014。

韩震:《社会主义核心价值观新论:引领社会文明前行的精神指南》,中国人民大学出版社,2014。

黄明理：《社会主义核心价值观研究丛书·友善篇》，江苏人民出版社，2015。

孙其昂：《思想政治教育现代转型研究》，学习出版社，2015。

佘双好：《中国梦之中国精神》，武汉大学出版社，2015。

沈壮海：《中国大学生思想政治教育发展报告2014》，北京师范大学出版社，2015。

吴潜涛：《中外荣辱思想》，高等教育出版社，2015。

龙静云：《社会主义核心价值体系引领道德建设研究》，中国社会科学出版社，2016。

沈壮海：《中国大学生思想政治教育发展报告2015》，北京师范大学出版社，2016。

陈万柏、张耀灿：《思想政治教育学原理（第3版）》，高等教育出版社，2016。

李建华：《中国道德文化的传统理念与现代践行研究》，经济科学出版社，2016。

韩震：《中国的价值观》，中国社会科学出版社，2016。

刘建军：《寻找思想政治教育的独特视角》，中国人民大学出版社，2016。

江畅：《当代中国主流价值文化及其构建》，科学出版社，2017。

沈壮海：《中国大学生思想政治教育发展报告2016》，北京师范大学出版社，2017。

王易：《传统文化与思想政治教育创新》，北京师范大学出版社，2018。

沈壮海：《中国大学生思想政治教育发展报告2017》，北京师范大学出版社，2018。

骆郁廷：《思想政治教育引论》，北京师范大学出版社，2018。

杨耕、吴向东：《社会主义核心价值观：理论与方法（上中下卷）》，四川人民出版社，2018。

佘双好：《中国特色社会主义理论体系普及计划研究报告》，社会科学文献出版社，2018。

沈壮海：《思想政治教育发展报告 2016/2017》，高等教育出版社，2018。

刘建军：《新时期思想政治工作创新研究》，中国人民大学出版社，2018。

冯刚：《改革开放以来高校思想政治教育发展史》，人民出版社，2018。

吴潜涛、艾四林：《社会主义核心价值观研究前沿问题聚焦》，人民出版社，2018。

沈壮海：《论文化自信》，湖北人民出版社，2019。

戴木才：《铸就人民信仰——当代中国的核心价值观》，人民出版社，2019。

（二）外文译著

[德] 卡尔·雅斯贝尔斯：《什么是教育》，邹进译，三联书店，1991。

[古希腊] 亚里士多德：《尼各马可伦理学》，廖申白译，商务印书馆，2003。

[美] 乔纳森·弗里德曼：《文化认同与全球性过程》，郭建如译，商务印书馆，2003。

[法] 爱弥尔·涂尔干：《道德教育》，陈光金等译，上海人民出版社，2006。

[德] 康德：《道德形而上学原理》，孙少伟译，中国社会科学出版社，

2009。

[日]田西多几郎:《善的研究》,代丽译,光明日报出版社,2009。

[德]马克思·韦伯:《新教伦理与资本主义精神》,苏国勋等译,社会科学文献出版社,2010。

[英]理查德·道金斯:《自私的基因》,卢允中等译,中信出版社,2012。

[美]布卢姆:《善恶之源》,青涂译,浙江人民出版社,2015。

[美]萨义德:《文化与帝国主义》,李琨译,生活·读书·新知三联书店,2016。

[美]塞缪尔·亨廷顿、劳伦斯·哈里森:《文化的重要作用:价值观如何影响人类进步》,程克雄译,新华出版社,2010。

[英]亚当·斯密:《道德情操论》,谢宗林译,中央编译出版社,2015。

[美]路易斯·波尹曼、詹姆斯·菲汉:《给善恶一个答案:身边的伦理学》,王江伟译,中信出版社,2017。

[德]尤尔根·哈贝马斯:《交往行为理论(第一卷)》,曹卫东译,上海人民出版社,2018。

三、期刊报纸

(一)国内期刊论文

樊浩:《马克思主义的历史变革与现代中国的伦理转换》,《学习与探索》1999年第2期。

吴潜涛:《价值观多样化势态与坚持社会主义集体主义价值观导向》,《道德与文明》1999年第4期。

鲁洁:《人对人的理解：道德教育的基础——道德教育当代转型的思考》,《教育研究》2000 年第 7 期。

刘建军:《论思想政治教育的个人价值》,《教学与研究》2001 年第 8 期。

樊浩:《应对"全球化"的价值理念及其道德教育难题》,《教育研究》2002 年第 5 期。

樊浩:《道德教育的价值始点及其资源性难题》,《教育研究》2003 年第 10 期。

李萍:《当前中国社会道德状况分析》,《理论学刊》2004 年第 7 期。

万俊人:《"和谐社会"及其道德基础》,《马克思主义与现实》2005 年第 1 期。

鲁洁:《边缘化 外在化 知识化——道德教育的现代综合症》,《教育研究》2005 年第 12 期。

李萍:《对思想政治教育走出困境的理性审视》,《中国高等教育》2005 年第 17 期。

张耀灿:《中国传统和谐文化的当代价值》,《思想教育研究》2006 年第 1 期。

万美容:《优选与创设：榜样教育创新的方法论视角》,《中国青年研究》2006 年第 9 期。

吴潜涛:《社会主义核心价值体系的科学内涵》,《道德与文明》2007 年第 1 期。

佘双好:《青少年社会教育的本质与内涵》,《中国青年研究》2007 年第 12 期。

陈秉公:《马克思主义意识形态理论与社会主义核心价值体系建构》,《马克思主义研究》2008 年第 3 期。

戚万学:《当前中国道德教育的文化困惑与文化选择》,《教育研究》

2009 年第 10 期。

沈壮海:《论高校德育的人本追求》,《思想理论教育导刊》2009 年第 11 期。

樊浩:《当前我国诸社会群体伦理道德的价值共识与文化冲突——中国伦理和谐状况报告》,《哲学研究》2010 年第 1 期。

黄蓉生、白显良:《马克思主义大众化与大学生社会主义核心价值体系教育》,《马克思主义研究》2010 年第 2 期。

佘双好:《青少年思想道德现状及发展特点的实证研究》,《思想理论教育导刊》2010 年第 5 期。

鲁洁:《道德教育的根本作为：引导生活的建构》,《教育研究》2010 年第 6 期。

万俊人:《关注中国文化道德的现实》,《马克思主义与现实》2011 年第 1 期。

佘双好:《社会思潮对高校学生核心价值观形成的影响研究》,《思想教育研究》2011 年第 6 期。

罗国杰:《关于集体主义原则的几个问题》,《思想理论教育导刊》2012 年第 6 期。

艾四林:《激发全民族文化创造活力，显著增强国家文化软实力》,《马克思主义研究》2012 年第 12 期。

李建华:《友善何以成为一种核心价值观》,《伦理学研究》2013 年第 2 期。

戴锐:《思想政治教育的公共化转型》,《马克思主义与现实》2013 年第 3 期。

杨建义:《集体主义是培育和践行社会主义核心价值观不可或缺的原则》,《科学社会主义》2013 年第 5 期。

张曙光、陈占友:《个人自由、社会公正、人际友善——论现代社会的和谐》,《中国高校社会科学》2013 年第 6 期。

陈秉公:《论社会主义核心价值观"高势位"培育和践行的规律性》,《思想理论教育》2014 年第 2 期。

樊浩:《中国社会价值共识的意识形态期待》,《中国社会科学》2014 年第 7 期。

骆郁廷:《论社会主义的核心价值》,《马克思主义研究》2014 年第 8 期。

刘书林:《论社会主义核心价值观的几个重要关系》,《思想理论教育导刊》2014 年第 9 期。

龙静云:《道德问题治理与提升文化软实力》,《马克思主义研究》2015 年第 2 期。

刘建军:《"社会主义核心价值观"的三种区分》,《思想理论教育导刊》2015 年第 2 期。

吴潜涛:《培育和践行社会主义核心价值观重要意义的几点思考》,《思想教育研究》2015 年第 2 期。

戚万学:《中国公民社会的成长和公民道德教育的使命》,《教育研究》2015 年第 11 期。

佘双好:《以文化人与社会主义核心价值观践行培育的方法研究》,《思想教育研究》2015 年第 12 期。

冯刚、刘晓玲:《坚持以文化人深入推进社会主义核心价值观培育践行》,《思想理论教育导刊》2016 年第 1 期。

佘双好、李秀:《关于思想政治教育途径、载体、方法关系的思考》,《马克思主义理论学科研究》2016 年第 1 期。

刘建军:《高校培育和践行社会主义核心价值观的四个步骤》,《思想理论教育》2016 年第 3 期。

田克勤，张泽强:《"四个全面"战略布局与培育和践行社会主义核心价值观》,《思想理论教育导刊》2016 年第 4 期。

李建华:《社会全面转型期道德建设思路的三大转变》,《马克思主义与现实》2017 年第 1 期。

冯刚、王振:《着眼大学生成长发展需求，构建培育践行社会主义核心价值观长效机制》,《思想理论教育导刊》2017 年第 2 期。

李建华:《社会主义核心价值观与道德规范体系之关系》,《道德与文明》2017 年第 2 期。

陈先达:《中国传统文化的创造性转化和发展》,《前线》2017 年第 5 期。

韩震:《培育和弘扬社会主义核心价值观的路线图》,《东岳论丛》2017 年第 6 期。

王伟光:《全面准确把握习近平新时代中国特色社会主义思想关于文化的理论》,《马克思主义研究》2018 年第 1 期。

万俊人:《教育作为一项人文使命》,《现代大学教育》2018 年第 2 期。

江畅:《核心价值观的合理性与道义性社会认同》,《中国社会科学》2018 年第 4 期。

佘双好:《论新时代思想政治教育发展的新使命》,《思想理论教育》2018 年第 5 期。

孙其昂、刘红梅:《新时代以大学生为中心推进思想政治教育发展》,《思想理论教育》2018 年第 7 期。

沈壮海、董祥宾:《论新时代高校思想政治工作质量的提升》,《思想理论教育》2018 年第 8 期。

刘建军:《习近平对凝聚共识的全面论述》,《思想理论教育导刊》

2018 年第 9 期。

余双好:《改革开放以来高校思想政治理论课教学方法的创新发展》,《思想理论教育导刊》2018 年第 10 期。

郝立新、朱紫祎:《中国特色社会主义文化的时代境遇与价值选择——学习习近平总书记关于坚定文化自信的重要论述》,《毛泽东邓小平理论研究》2018 年第 11 期。

冯刚、朱宏强:《以习近平新时代中国特色社会主义思想引领青年理想信念教育》,《思想理论教育导刊》2018 年第 11 期。

宇文利:《全身心立德 下功夫树人——学习习近平总书记关于立德树人"六个下功夫"的论述》,《思想理论教育导刊》2018 年第 11 期。

倪素香、吴清清:《论习近平关于文化建设重要论述的四重维度》,《思想教育研究》2018 年第 12 期。

杨晓慧:《习近平关于教育重要论述的思想定位、逻辑体系、理论特质》,《思想理论教育导刊》2018 年第 12 期。

朱书刚:《新时代友善的价值内涵与实现路径》,《学习与实践》2019 年第 2 期。

姜辉:《坚持马克思主义在意识形态领域指导地位的根本制度》,《红旗文稿》2020 年第 5 期。

苗瑞丹:《文化强国视阈下社会主义核心价值观引领作用探析》,《马克思主义研究》2021 年第 5 期。

吴潜涛:《培育和践行社会主义核心价值观的时代反思》,《北京社会科学》2021 年第 6 期。

（二）国外期刊论文

Karemera D,Reuben L J,Sillah M R,*The Effects of Academic Environment and Background Characteristics on Student Satisfaction and Performance:The*

Case of South Carolina State University's School of Business,College Student Journal,2003,37(2).

Luk S T K,Fullgrabe L,Li S C Y,*Managing Direct Selling Activities in China:A Cultural Explanation*,Journal of Business Research,2004,45(3).

Rigby K,*Why do Some Children Bully at School? The Contributions of Negative Attitudes towards Victims and the Perceived Expectations of Friends,Parents and Teachers*,School Psycholog International,2005,26(2).

Yen D A,Barnes B R,Wang C L,*The Measurement of Guanxi: Introducing the GRX Scale*,Industrial Marketing Management,2011,40(1).

Ou C X ,Pavlou P A,Davison R,*Swift Guanxi in Online Marketplaces: The Role of Computer-Mediated Communication Technologies*,MIS quarterly,2014, 38(1).

（三）报纸文章

《习近平对全国道德模范表彰活动作出重要批示强调：更好构筑中国精神、中国价值、中国力量，为中国特色社会主义事业提供精神动力和道德滋养》，《人民日报》2015 年 10 月 14 日。

《习近平在全国高校思想政治工作会议上强调：把思想政治工作贯穿教育教学全过程，开创我国高等教育事业发现新局面》，《人民日报》2016 年 12 月 9 日。

《习近平在会见第一届全国文明家庭代表时强调：动员社会各界广泛参与家庭文明建设，推动形成社会主义家庭文明新风尚》，《人民日报》2016 年 12 月 13 日。

《习近平在中国政法大学考察时强调：立德树人德法兼修抓好法治人才培养，励志勤学刻苦磨炼促进青年成长进步》，《人民日报》2017 年 5 月 4 日。

《习近平在全国网络安全和信息化工作会议上强调：敏锐抓住信息化发展历史机遇，自主创新推进网络强国建设》，《人民日报》2018年4月22日。

《习近平在中共中央政治局第五次集体学习时强调：深刻感悟和把握马克思主义真理力量，谱写新时代中国特色社会主义新篇章》，《人民日报》2018年4月25日。

《习近平在北京大学考察时强调 抓住培养社会主义建设者和接班人根本任务 努力建设中国特色世界一流大学》，《人民日报》2018年5月3日。

《习近平在全国宣传思想工作会议上强调：举旗帜聚民心育新人兴文化展形象，更好完成新形势下宣传思想工作使命任务》，《人民日报》2018年8月23日。

《习近平在全国教育大会上强调：坚持中国特色社会主义教育发展道路 培养德智体美劳全面发展的社会主义建设者和接班人》，《人民日报》2018年9月11日。

《习近平在中共中央政治局第十二次集体学习时强调：推动媒体融合向纵深发展 巩固全党全国人民共同思想基础》，《人民日报》2019年1月26日。

习近平：《在二〇一九年春节团拜会上的讲话》，《人民日报》2019年2月4日。

《习近平主持召开学校思想政治理论课教师座谈会强调：用新时代中国特色社会主义思想铸魂育人，贯彻党的教育方针落实立德树人根本任务》，《人民日报》2019年3月19日。

罗国杰：《法治与德治：相辅相成，相互促进》，《人民日报》2001年2月22日。

罗国杰:《道德建设与身体力行》,《人民日报》2007 年 6 月 22 日。

李建华:《友善:必须着力倡导的价值观》,《光明日报》2013 年 7 月 6 日。

沈壮海、刘水静:《友善:处理人际关系的基本准则》,《人民日报》2014 年 2 月 24 日。

袁贵仁:《坚持立德树人,加强社会主义核心价值观教育》,《人民日报》2014 年 5 月 23 日。

程恩富、侯为民:《从经济学角度认识社会主义核心价值观》,《人民日报》2014 年 10 月 30 日。

韩振峰:《社会主义核心价值观体现社会主义的本质要求》,《光明日报》2015 年 5 月 7 日。

戴木才:《全人类"共同价值"与社会主义核心价值观》,《光明日报》2015 年 10 月 28 日。

沈壮海:《把握核心价值观培育的辩证法》,《人民日报》2016 年 9 月 27 日。

韩震:《用社会主义核心价值观凝心聚力》,《光明日报》2016 年 9 月 30 日。

《中共中央办公厅国务院办公厅〈关于进一步把社会主义核心价值观融入法治建设的指导意见〉》,《人民日报》2016 年 12 月 26 日。

《中共中央办公厅国务院办公厅印发〈关于实施中华优秀传统文化传承发展工程的意见〉》,《人民日报》2017 年 1 月 26 日。

《中共中央国务院印发〈关于加强和改进新形势下高校思想政治工作的意见〉》,《人民日报》2017 年 2 月 28 日。

《中共中央国务院印发〈中长期青年发展规划（2016—2025 年）〉》,《人民日报》2017 年 4 月 14 日。

沈壮海:《为中华民族的文化自信注入新时代的充沛活力》,《人民日报》2017 年 3 月 22 日。

戴木才:《社会主义核心价值观的融通之"道"》,《光明日报》2017 年 4 月 10 日。

唐凯麟:《文化自信三题》,《光明日报》2017 年 4 月 24 日。

王易:《文化自信有赖人民主体性发挥》,《光明日报》2017 年 7 月 7 日。

吴潜涛:《社会主义核心价值观是当代中国精神的集中体现》,《光明日报》2018 年 3 月 26 日。

《中共中央印发〈社会主义核心价值观融入法治建设立法修法规划〉》,《人民日报》2018 年 5 月 8 日。

沈壮海:《筑牢文化自信的根基》,《人民日报》2018 年 8 月 14 日。

王易:《"和合"理念具有重要价值》,《人民日报》2018 年 11 月 8 日。

王易:《把握培养时代新人的方法论》,《光明日报》2018 年 11 月 12 日。

《中共中央国务院印发〈中国教育现代化 2035〉》,《人民日报》2019 年 2 月 24 日。

《中共中央国务院印发〈关于新时代加强和改进思想政治工作的意见〉》,《人民日报》2021 年 7 月 13 日。

后　记

伴随着邻居家装修电钻声的此起彼伏，我终于结束了博士毕业论文最后一章的撰写。看着十多万字的博士论文，我感慨万千：从2014年9月到现在五年的时间里，我先后经历了女儿出生、福州安家以及父亲病危等一系列大事，心路历程几经曲折，这与我在如今装修的噪音中写作的情景颇为吻合。

作为一名长期从事大学生思想政治教育的工作者，我在与学生交流的过程中，总是关注他们对当前社会道德和人际交往问题的认知，使我内心不禁引发了对一些问题的思考：当代大学生的人际交往到底存在何种问题？友善价值观究竟如何引导才能使大学生乐于接受并加以践行……带着对这些问题的思考和关注，我确立了将"大学生友善价值观引导研究"作为我博士论文的选题，进行学术的探索和思想的探寻。由于自身学术素养和理论功底的欠缺，在写作过程中存在不少疏漏和错误之处，恳请各位师长和同仁评判指正。

在没来福建师范大学读博前，我就从曾盛聪教授的弟子那里听到了关于曾老师的诸多"叙事"，他的学术历程和治学品格让我充满无限的敬意。于是，在我工作第四年，有幸考入福建师范大学，成为马克思主义学院博士生群体中的一员，也幸运地成为曾盛聪教授指导的第一位博士生。曾老师治学严谨，学识渊博，思想深邃，视野开阔，为我营造了一种良好的学术氛围。读博四年多来，在曾老师的关心和指导下，我不仅接受了全新的思想观念，树立了明确的学术目标，领会了基本的思维方式，掌握了通用的研究方法，而且还明白了许多待人接物与为人处世的道理。由于自身基础薄弱和学理素养欠缺，在撰写博士论文过程中经常会出现一些低级错误，使我一度怀疑自己是否有资格成为博士生。然而，曾老师并未因此放弃对我的指导，仍以严谨的态度指导我的学业。导师无微不至、感人至深的人文关怀，令我如沐春风，倍感温馨。在此，我向他表示最真挚的感谢。

同时，我还要特别感谢李建平教授、郑传芳教授、赖海榕教授、潘玉腾教授、苏振芳教授、陈永森教授、杨建义教授、王建南教授、林旭霞教授、吴宏洛教授、郑又贤教授、傅慧芳教授、陈桂蓉教授、杨立英教授、陈志勇教授、杨林香教授、黄晓辉教授、张莉教授、蔡华杰副教授等马克思主义学院博学的导师们。他们为学院博士生的培养倾注了大量心血。诸位导师治学的态度、精彩的课程、精心的指导，对学生高度关爱和负责的情怀，让我备受感动，深知不能辜负导师们的殷切期望。

我非常怀念在母校求学深造的日子。在这所百年学府里，使我在学术涵养、理论品格和理想信念等方面得到了能力的提升和精神的洗礼。在这里除了有幸聆听到许多学识渊博老师的授课外，还结识了共同读博的11位同学。感恩同窗的有缘相识，刘明教我深邃、（张）晓容教我用心、（林）明惠教我舍得、张娟教我严谨、陈义教我坚强、（张）赛玉教我坚持、（郑）元凯教我审慎、许晶教我乐观、（吴）新菊教我从容、（赵）津津教我纯粹、陈飞教我执着，这些都时时感念心中。与此同时，感谢福建工程学院马克思主义学院和土木工程学院的领导和同事们对我在职读博的支持，使我能够兼顾好学习与工作。

最后，我要感谢我的家人。特别是要感谢我的爱人官文娟，是她在繁忙的工作之余，默默地肩负着照顾双方父母和女儿的重担，用坚强的毅力支撑起我们的家庭，更是在我遇到困难和苦恼时，她温暖的鼓励成为我克服困难和摆脱压力的精神动力；是她的辛勤劳作和无私奉献，让我有更多学习的时间和精力，使我有信心和毅力完成全部的学业。同时，我也要感谢我可爱的女儿，在我看书写作的过程中，她忍住了想找我陪她玩的心思，默默地坐在书桌旁陪我一起看书学习。更让我甚感欣喜的是，她对书房中的《马克思恩格斯文集》等著作产生初步兴趣，在休息之余时常与我共同翻阅。虽说她看不懂其中的内容，但能够潜移默化影响下一代，这是读博的另一重大收获！

在博士论文撰写过程中，我参阅了大量学界前辈的文献资料，帮助我拓宽写作思路和提升格局。在此，向所有学界前辈表示真诚的谢意！